증발하고 싶은 여자들

KB104694

청년여성들의
자살생각에 관한 연구

증발하고
싶은
여자들

이소진 지음

오월의봄

자살생각을
연구한다는 것에
대하여

내가 생각하기에 지금의 한국사회를 살아가며 자살생각을 해보지 않은 내 나이 또래의 여성은 거의 없을 것이다. 우리는 한 번쯤 깔끔한 삶의 종료를 꿈꾼다. 그만큼 우리에게 자살생각은 공기처럼 자연스럽고 안개처럼 눅진하다. 나는 사춘기 무렵부터 자살생각에 시달렸는데, 재수를 마치고 대학교에 입학했을 당시 그 생각은 극에 달했다. 내가 원하는 대학에 가지 못했고, 나는 실패자다, 라는 느낌에서 좀처럼 벗어날 수 없었다. 학교로 가는 길에 자리한 '대학로답지 않은' 좁은 골목길도, 딱 봐도 족히 20년은 넘어 보이는 오래된 가게들도, 손바닥만 하게 보였던 캠퍼스도, 지하철역에서부터 이어진 기다란 에스컬레이터도, 힘겹게 올라야만 했던 언덕길도 다 싫었다. 내가 원했던 대학은 웅장하고, 대로와 이어져 있고, 언덕길도 없었다. 나는 내가 원하지 않았지만 속해야 했던 그 공간을 지나갈 때마다 내가 실패했다는 사실을 상기했다.

첫 학기엔 거의 매일같이 도서관에만 있었다. 가족과 공유해야만 하는 집이라는 공간에서는 자유롭게 숨 쉴 수 없었다. 수업이 있는 날이면 가기 싫다는 마음과 가야 한다는 의무감을 동시에 끌어안은 채 지하철을 타고 학교에 나갔지만 결국 수업에는 들어가지 않고 도서관에 터를 잡았다. 나풀거리는 마음을 주체할 수 없어, 나는 날마다 소설을 읽어재겼다. 그때 소설은 내가 실패했고 이 실패를 돌이킬 수 없다는 생각과 불안으로부터 도피할 수 있는, 내 삶의 도피처였다. 이야기에 빠져드는 순간에만 나는 나를 생각하지 않을 수 있었다. 우울은 마치 늪과 같아서 빠져나오려 할수록 더욱 깊이 가라앉게 된다. 누구도 만나고 싶지 않다, 누구와도 말을 섞고 싶지 않다는 생각으로 소설이라는 도피처를 선택했지만 하나도 도움이 되지 않았다. 소설 속 세상은 내 것이 아니었고 나는 언제나 소설과 현실 사이의 간극을 마주했다.

하지만 결국 탈출했다. 이 글을 쓰는 지금에서야, 나는 그 변화가 친구들 덕분이었다는 사실을 기억해낸다. 어쩌다 간학술답사에서 어쩌다 보니 친구가 생겼다. 친구들은 나를 좋은 사람으로 생각해줬고, 나를 바쁘게 만들어줬다. 그 순간부터 나는 더 이상 이방인이 아니었다. 그러다 보니 자연스럽게 학생운동도 하게 되었다. 나는 내 실패가 전적으로 내 잘못이 아님을 알게 되었다. 그리고 나를 규정짓던 실패가, 실패가 아니라는 것도 알게 되었다. 그 이후로도 죽고 싶다는 마음은 때때로 나를 잠식했지만 더 이상 그런 삶을 살고 싶지 않았다. 그렇게 나도 모르는 사이에 자살에 대한 생각은 옅어져갔다.

자살생각에 시달리는 여성들의 생애를 들으면서 묻어두었던 나의 과거를 소환한 건 어쩌면 자연스러운 일이었을 것이다. 하지만 연구를 계획하던 시점에는 떠올리지 못한 이야기였다. 나의 과거에 우리의 고통이 있었다. 몇 번의 실패와 사회에서 성공할 수 없다는 생각, 가족에게, 특히 아버지에게 인정받지 못한다는 자괴감,* 뒤처졌다는 생각과 스스로에 대한 불신과 불안 등 이 모든 감정은 내가 과거에 겪었고 지금도 마음속 어딘가에 자리하다가 문득 떠오르곤 하는, 내 마음 한 구석을 차지한 정동들이다. 이 책을 쓰면서도 나는 그러한 감정들과 싸우지 않기 위해 노력했다. 따라서 이 책은 사실 '나는 멍청한 게 아닐까' 하는 자괴감과 성실하지 못했다는 자책, 그 불성실로 인해 계획한 삶을 그대로 실현하지 못할 수도 있다는 불안과 싸운 결과이기도 하다.

청년여성의 자살생각은 전후 베이비붐세대인 부모세대와는 다른 삶을 살아온 지금 우리세대의 문제이다. 우리세대는 풍요 속에서 태어나 자랐다. 우리가 유년 시절에 경험한 1997년 외환위기와 그에 뒤따른 2008년 세계금융위기는 어

---

* 아버지에게 인정받고 싶은 마음을 의미하는 게 아니다. 성과가 미흡한 자녀에 대한 아버지들의 의도적 무시와 그 의도적 무시에서 벗어나고자 하는 반응으로서의 '인정'을 뜻한다.

떤 의미에선 성공적으로 극복되었다. 부모세대에게 대학 졸업장은 똑똑함 혹은 부유함을 나타내는 기호였겠지만, 우리 세대에서 대학 졸업장은 필수가 되어버렸고 오히려 없는 것이 가난함의 표상으로 인식된다. 배고픔이 일상이었던 과거와 달리 지금은 건강을 위해 굶는 세상이다. 그래서 배를 곯는 사람들이 (마치 더 이상 존재하지 않는 것처럼) 지워지는 세상이다. 빈곤은 이제 자극적인 포르노로만 방송에 송출된다.

이런 사회에서, 우리는 개인으로서 모든 걸 계획하고 선택하는 삶에 익숙해져 있다. 선택지 자체가 거의 존재하지 않았던 부모세대와는 다르다. 매 순간이 선택이다. 우리는 선택이 많아진 만큼 자신의 선택에 따른 위험을 전적으로 책임져야 한다고 생각한다. 그러나 동시에 우리는 어쩔 수 없는 선택이 존재한다는 사실 또한 잘 알고 있다. 정말로 공부가 하고 싶어서, 대학에 가고 싶어서 간 사람이 몇이나 될까? 우리는 '어쩔 수 없는' 선택을 한다. 하지만 그 역시도 개인의 책임으로 여겨진다.

사실 대부분의 사람들은 표준화된 경로에서, 이탈을 '선택'하는 것이 아니라 이탈'된다'. 표준화된 생애경로는 모두에게 허락되지 않는다. 명문대를 자퇴하는 학생들이 유명해지는 까닭은 그들의 선택이 표준화된 경로로부터의 과감한 이탈이기 때문이다. 명문대라는 이력에 따라올 혜택을 거부하고 '자신만의 길'을 선택했다고 인식되기 때문이다. 명문대를 자퇴하는 이들을 향한 사회적 관심은 어찌 됐든 이들의 손에 명성을 쥐어준다. 이런 식의 선택이 가능한 이들은 누가 뭐래도 운이 좋은 편이다. 등록금을 책임질 여유가 없어 스스로(?) 대학을 그만두는 사람들의 중단은 주목받지 못한다.

하지만 여전히 많은 사람들에게 '노력'은 그러한 표준화를 달성할 수 있는 마법의 무기로 언급된다. 자비란 없다. 개인의 선택이 전적으로 개인의 책임이 되는 사회에서 노력은 모든 조건을 변화시킬 수 있다고 여겨진다. 하지만 정말 그럴까? 자본이 개입되지 않는 노력이라는 게 있을까? 있다고 해도, 각자가 가진 재능이 다른 상황에서 특정한 재능에 대한 가치가 '돈'으로 매겨지는 사회는 공정하다고 말할 수 있나? 돈이 되는 재능만이 가치 있는 것일까? 우리는 어쩔 수 없다는 말로 불공정을 애써 묵인하고 있는 것은 아닐까?

이 책은 청년여성의 자살률이 증가하는 상황에서 (인터뷰를 진행한 시점을 기준으로) 지난 1년간 자살생각 경험이 있는 청년여성 19명과의 인터뷰를 통해 생애위험들이 자살생각으로 이어지는 과정을 살펴보고자 했다. 2020년 11월 한겨레신문의 젠더미디어 유튜브 채널 '슬랩slap'이 제작한 다큐멘터리를 통해 '조용한 학살'로 명명된 청년여성의 자살 증가 현상은 2023년 5월 영국 주간지 《이코노미스트》를 통해 다시금 주목받았다. 《이코노미스트》는 지난 10년간 한국의 자살률이 감소하다가 2018년을 기점으로 다시 증가한 현상에 주목하면서, 청년여성의 높은 자살률이 전체 자살률 증가에 영향을 미쳤다고 보도했다. 같은 기간 남성의 자살률은 증가하지 않았다.[1] 2023년을 기점으로 한국에서 20대 여성(1990~1995년생)의 자살률은 일본의 전후세대 자살률 패턴과 유사하며, 이들의 어머니세대가 20대였을 당시와 비교하면 1980년대생은 5배, 1990년대생은 7배나 높은 자살률을 보이고 있다.[2]

이에 정부는 자살의 원인으로 여겨지는 우울증에 대한 의료적 접근을 통해 이 문제를 정신건강의 측면에서 해결하고자 했다. 2023년 2월 공개된 제5차 자살예방기본계획은 우선적으로 청년층에 신체건강 검진과 동일하게 정신건강 검진을 실시하여 위험군으로 판단될 시 정신건강의학과에서 치료를 받을 수 있도록 연계하는 방안을 제시했다. 전문가 지도에 따른 적절한 약물처방을 통해 우울증이 완화될 수 있고, 따라서 자살률도 줄어들 것이라고 간주하는 것이다. 이제 우울증은 사회구조적 문제라기보다는 감정을 인식하는 특정 뇌 부위의 문제이며 따라서 약물치료가 효과적인 질병으로 인식된다. 이러한 현대의학의 의료화 및 약료화로 말미암아 한국에서도 우울증 환자가 급격히 증가했으며, 약물 의존도 또한 증가하고 있다.[3]

그러나 우울, 불안 등의 정동은 개인의 정신건강 문제일 뿐 아니라 사회적 고통, 즉 사회적 구성물이기도 하다. 고통을 경험하는 주체가 개인이라 하더라도 사회적 관계에 의해 고통은 재/구성되기에 한 사회 내에서 개인의 위치와 그에 따른 의무나 역할 등은 사회적 고통의 다층적 경험을 야기한다.[4] 동일한 사건을 겪었다 하더라도 개인이 처한 상황적 맥락에 따라 고통은 다르게 이해되며 몸에 각인된다. 특히 과거에는 공적 문제로 여겨지던 것이 신자유주의 사회가 도래함에 따라 개인의 문제로 여겨지는 상황이나, 정보나 자원의 부족으로 인해 이루어지는 잘못된 선택으로 야기되는 위험까지도 개인이 관리해야 하는 상황, 그리고 삶의 모든 과정이 경쟁으로 대치되는 상황은 개인에게 불안정과 불안, 스트레스 및 우울감을 유발한다.[5] 불안정이 지배하는 사회에서 생존을 위해 경쟁력 있는 사람이 되는 과정은 필연적으로 자신을 고립시키는 결과를 낳고, 우울증, 공황, 불안, 외로움이라는 존재론적 고통을 불러온다.[6] 정신분석학자 파울 페르하에허Paul Verhaeghe는 신자유주의적 능력주의가 교육에 개입되면서 자신이 이미 실패했다고 생각하는 사람이 늘어나고 있으며, 아주 어렸을 때부터 경험한 패배감이 정체성 형성에 영향을 미쳐 이들 중 대부분이 불안증에 시달리며 우울증을 앓는다고 지적했다.[7] 몇몇 유형의 정신병리적 증상은 과도한 가속 압력에 대한 개인적 (감속) 반응이지만,[8] 신자유주의 사회에서 우울증은 생산성 저하로 의미화되어 조속히 해결되어야 할 질병으로만 인식된다.

이렇게 볼 때, 정신질환은 교정되어야 하는 것이 아니라 외부 환경에 대한 자연스럽고 합리적인 인간의 반응이다.[9] 사회학자 에밀 뒤르켐Émile Durkheim은 일찍이 그의 저서 《자살론》에서 자살이 사회적 문제일 수 있음을 지적한 바 있다. 그는 자살에 관한 통계자료를 분석하면서, 사회가 빠르게 변화하는 과정에서 개인과 집단 사이에는 부정적 감정이 생성될 수 있으며 이러한 감정은 해당 개인이 속한 집단이 어떠한 특성을 가지고 있느냐에 따라 스스로를 파괴하는 결과를 야기할 수 있다고 주장했다. 이러한 뒤르켐의 분석은 이후 통계자료 사용 과정에서의 왜곡과 같이 연구의 타당성 측면에서 많은 비판을 받기는 했지만, 이전까지 개인적 문제로만 여겨졌던 자살을 사회적 현상으로 인식할 수 있도록 했다는 점에서 의미가 깊다. 뒤르켐 이후 진행된 자살 연구들은 이러한 흐름 위에서 몇 가지 추세들을 밝혀냈다.

우선, 낮은 사회경제적 그룹에 속한 사람들은 자살에 가장 취약하다.[10] 사회경제적 집단이 낮을수록 (당연하게도) 실업률, 교육적 불이익, 빈곤율이 높아져 자살위험이 상승한다.[11] 빈곤은 여러 영역에서의 위험을 발생시키는데 이 위험은 중첩되며 축적된다. 또한 자살률에는 성별화된 패턴이 존재한다.[12] 서구권의 경우, 일반적으로 남성의 자살률이 여성에 비해 2배에서 4배가량 더 높지만, 아시아권 국가에서는 역전 현상도 관찰된다. 중국의 경우 남성보다 여성의 자살률이 더 높으며, 인도는 비슷한 비율을 보인다. 중국의 자살은 주로 농촌 지역에서 농약 섭취의 형태로 시행되는데, 이는 가족과 국가가 여성을 규제하는 정도가 농촌지역일수록 높기 때문이다.[13]

이처럼 자살률이 국가나 지역과 같은 개인이 속한 삶의 공간에 따라, 또한 경제적 지위에 따라 특정한 패턴을 보인다는 사실은 사회문화적 요인이 자살행위에 개입된다는 것을 시사한다. 나는 한국에서 1990년대생 여성의 자살률이 급격하게 증가한 까닭이 우리세대가 처한 현실에 기인한다고 본다. 따라서 이 책은 자살생각의 원인을 우울증으로 한정 지어 해석하지 않을 것이다. 자살생각을 하는 사람의 대다수가 우울증을 앓고 있는 것은 사실이지만, 내가 보기에 자살생각과 우울증의 관계는 닭과 달걀의 관계만큼이나 선후를 따질 수 없는 문제다. 자살생각으로 인해 우울증을 경험하고, 우울증으로 인해 자살생각이 증폭된다. 하지만 동시에 우울증으로 인해 자살생각이 증폭되고, 자살생각으로 인해 우울증이 증대될 수도 있다.

특히 오늘날 우리가 경험하는 시간성은 인간에게 더욱더 빠르게 이동할 것을 요구하고 있다. 예측이 불가능한 사회에서 우리는 쉽사리 장기적인 인생 계획을 세울 수 없다. 오히려 이런 '빠른' 시대에는 어떠한 것도 장기적 안정성을 담보하지 않는다는 사실을 받아들이고 그때그때 닥쳐오는 파도에 서핑하듯 올라타는 것이 안전한 선택이 된다.[14] 지금의 흐름에 합류하지 못하는 사람은 뒤처진다. 기성세대가 보기에 우리세대는 한 가지 일을 진득하게 해내지 못하는 끈기 없는 세대지만 사실 그러한 '끈기 없음'이야말로 빠르게 변화하는 세상에 적응하기 위한 나름의 생존 전략이다. 노동이 공간에 밀착된 사회에서 사람들은 일터를 벗어나는 순간 노동과 거리를 둘 수 있었지만 공간을 초월한 노동이 가능해진 현대사회에서 개인의 일상은 노동에 포섭된다. 이와 동시에 확대된 불확실성과 불안정성은 모두를 혼자라고 느끼게 하여 끝나지 않는 경쟁 속으로 사람들을 떠밀고 있다.[15]

여기에 더해 가부장제가 청년여성이 선택할 수 있는 삶의 경로를 제한하면서, 이들에게 '나' 자신보다 '여성'으로 행동할 것을 요구한다. 자살생각의 성별화는 이 지점에서 비롯된다. 결혼을 해도 일을 그만두지 않을 것이고, 애를 낳고 싶은 마음은 더더욱 없다고 아무리 이야기한들 사회는 믿어주지 않는다. 결혼율이나 출산율이 아무리 바닥을 치고 있어도, 여성이라면 으레 결혼을 할 것이고 아이를 낳으면 일에 집중할 수 없을 것이라 여겨진다. 한정된 자원과 그로 인해 제한된 선택지 안에서 홀로 삶을 꾸리기에 적당한 직업은 찾기 어렵고 찾아도 얻기 어렵다. 나만 해도 그렇다. 일이 아닌 일상에서, 사람들은 내가 왜 결혼하지 않는지 궁금해한다. 내가 무슨 말을 하는지는 중요하지 않다. 늘 돌아오는 대답은 같다. 눈을 좀 낮추라든가, 언젠가 좋은 남자가 생길 거라든가, 결혼은 하지 않아도 연애는 해야 하는 것 아니냐라든가. 연애나 결혼, 그리고 출산이 내 삶을 잠식하는 것이 싫다는 말은 '좋은 남자'라는 조건과 함께 무화된다. 그런 말을 하는 '나'는 그저 그 어떤 것에도 희생하기 싫은 이기적인 젊은 세대로 재현된다.

신자유주의와 가부장제가 교차하는 현실 위에서 지금 현재를 살아가는 청년여성의 자살생각이 형성되는 과정을 추적

하는 이 책은 《한국여성학》 39권 3호에 실린 〈성별화된 위험이 야기하는 존재론적 불안: 청년여성의 자살생각 내러티브를 중심으로〉의 내용을 중심으로 수정 및 보완하여 집필했다. 연구의 큰 틀은 유지하되, 학술지라는 특성상 축약될 수밖에 없었던 이야기를 풀어내는 데 중점을 두었다. 다만, 이번 책에서는 연구 참여자의 가명, 학력 등을 정리한 표를 싣지 않기로 했다. 노동의 영역뿐만 아니라 가족의 삶까지 분석하고 있기에, 해당 표를 기재할 경우 참여자들의 인적 정보가 보다 한눈에 정리되어 인물이 특정될 우려가 있었기 때문이다. 또한 나는 한 여성의 이야기가 다양한 사람들의 이야기로 읽히기를 바랐다. 매일같이 이들의 사례에서 변주된 이야기들이, 그녀들의 토로가 인터넷에 올라온다. 그런 글을 볼 때마다, 나는 참여자들의 경험이 그들의 것만이 아님을 알 수 있었다. 그리하여 이번 책에서는 연구 참여자 특성에 관한 표를 싣지 않았으니, 독자들의 양해를 바란다.

1부에서는 가족으로부터 기인하는 가족위험 및 돌봄위험에 대해 다룬다. 노동시장에서 '여성'은 자유로운 개인으로 인식되지만, 여전히 한국에서 여성은 가족 내 존재로서 많은 의무를 부여받는다. 한 명의 개인으로서 여성들은 노력을 통해 사회적 성공을 이룰 것과 동시에 '딸'로서 부모의 성별규범에 맞는 여성이 되어 부모에 대한 책임과 의무를 다하도록 요청된다. 이 과정에서 등장하는 가족위험과 돌봄위험은 가부장적 가족규범 속에서 재생산되면서 이들의 생애위험을 증폭

한다. 이러한 상황에서 가족으로부터의 탈출은 '실패자'라는 서사와의 단절뿐만 아니라 자신에게 요구되는 헌신을 차단할 수 있게 한다는 점에서 유용한 전략이 될 수 있지만 이어지는 2부에서 다뤄지는 남성중심적 노동시장의 존재는 청년여성의 탈출을 유예시키고 홀로 살기의 전망을 어둡게 만든다. 청년여성의 불안정한 노동현실 위에서 '독립'은 삶 자체를 위태롭게 만들고 있다. 여성 노동에 대한 가치절하와 그에 따른 저임금은 경제적 독립의 가능성을 축소하고, 여전히 노골적으로 혹은 은밀하게 자행되는 노동시장의 성차별은 여성 노동자의 홀로서기를 방해한다. 남성중심적 노동시장에서 기인한 노동위험은 가족 및 돌봄위험을 차단하기보다는 중첩되면서 존재론적 위험으로 전환된다. 이어지는 3부에서는 성별화된 위험이 존재론적 불안으로 전환되는 과정을 분석한다. 능력주의 이데올로기 아래에서 청년여성들은 자신이 경험한 불공정을 노력의 부족으로 해석하여 결과를 변화시키고자 노력하지만, 개선되지 않는 현실 앞에서 그 결과는 자기혐오로 귀결된다. 이러한 혐오는 결혼과 출산이 선택이 된 사회에서, 즉 '혼자 살기'의 가능성이 전 생애로 확장된 현실 속에서 미래의 불안을 가중하며 살아냄의 의미를 회의하게 만들고 결국 청년여성을 자살생각에 이르게 한다.

이 책을 쓰면서 나는 그 어느 때보다도 듣기의 윤리와 재현의 정치에 대해서 생각했다. 이 책의 바탕이 되는 연구가 당초 계획보다 늦어진 상황 또한 내가 들은 경험들의 무게를 다루기 힘겨웠기 때문이다. 여성들의 이야기를 듣고 삶을 분석하는 과정에서 나는 필연적으로 특정한 사람으로 이들의 존재를 재현하게 된다. 이때, 개인의 입체적 삶의 복잡성은 탈각된다. 사람의 감정은 상당히 모순적이고, 이질적이고, 혼란스럽다. 하지만 이런 무질서는 이들의 삶을 언어화하는 과정에서 질서를 찾아간다. 언어 자체가 사회적 질서를 반영한 하나의 약속이기 때문에 그 과정에서 발생하는 복잡성의 탈각을 완전히 회피하기란 어렵다. 누군가의 삶을 분석하고 감정을 언어화한다는 것은 사실상 내가 특정 인물을 나의 시각에서 재창조하는 일이 될 수 있다. 그러나 이러한 재창조가 완전한 허구가 아닌 실제 현실을 기반으로 하기에 나는 '재현'에 수반되는 윤리적 문제를 고민할 수밖에 없었다. 연구자라는 위치에서 나는 사람들이 처한 현실과 사회적 맥락을 드러내면서 동시에 이들의 경험을 묶어내어 범주화해야 했고, 이로 인해 참여자들이 처한 현실의 복잡성은 내 손을 거치면서 매끄럽게 정돈되어 깔끔해졌다. 하지만 청년여성의 현재는 이렇게 깔끔하지 않으며 그렇게 재현되어서도 안 된다.

그래서 이전의 연구들과 마찬가지로 이번 책에서도 참여자들의 말을 최대한 입말을 살려 실었음을 밝힌다. 이들의 말을 옮길 때 사용된 말줄임표나 추임새 등은 참여자들의 말 그 자체를 옮기려는 노력에서 비롯되었다. 맞춤법상 옳지 않다 하더라도, 참여자들이 내게 말을 전하던 그 순간의 감정과 숨

결을 그대로 기록하기 위함이었다.* 쉼표와 물음표 하나도 쉬이 지나치지 않았으니, 어떤 존재가 살아 있다는 사실, 그리고 말하고 있다는 사실을 기억해주시기를 바란다. 이와 더불어 인터뷰 내용 또한 최대한 그대로 실었다. 보통의 연구는 인터뷰 참여자들의 말을 인용할 때 '중략'을 사용해 연구자의 의도에 따라 이들의 말을 간략하게 정리하지만, 여기서는 최대한 중략하지 않고 참여자의 입말 전체를 그대로 드러내고자 했다.

인터뷰를 마무리할 때면 나는 연구 참여자들에게 궁금한 점이 있는지 묻는다. 질문하는 자와 대답하는 자의 위치를 잠시만이라도 뒤집어 그들의 질문을 듣고 답하기 위함이다. 질문이 없는 사람도 있고 많은 사람도 있다. 대부분의 참여자들은 자신의 이야기가 정말 연구에 도움이 되는지를 궁금해한다. 그러나 이번 인터뷰에서만큼은 많은 사람이 '다른 여성들은 왜 자살을 생각하는지' 궁금해했다. 내가 대부분 당신과 비슷한 상황에 처해 있다고 말하면 여성들은 놀라워하면서도

---

* 예를 들어, '이에요'의 축약형인 '예요'는 '에요'로 적었다. '무엇이에요?'라는 말의 축약형으로서 '뭐예요?'를 발음할 때, 맞춤법상 표기는 '예요'이지만, 실제 생활에서 거의 모든 사람들이 [뭐에요?]라 발음한다. 이 책에서는 보다 생동감을 주기 위해 '에요'로 적었다. 연구 참여자들은 소설 속 인물이 아니며, 인용된 말들 또한 드라마 속 대사가 아니다. 따라서 맞춤법에 다소 어긋난다 하더라도, 문어체적 표현이 야기할 수 있는 말과 현실 사이의 거리감을 줄이기 위해 '네(너+가/의)'를 '니'로('니 멋대로', '니 이름' 등), '예요'를 '에요' 등으로 쓰고 있음을 밝힌다.

신기해했다. 내게는 이들의 반응이 더욱 놀라웠다. 연구에 참여한 여성들이 자신과 비슷한 다른 사람들이 많다는 사실을 알고 있으리라 생각했기 때문이다.

그래서 나는 '나'라는 존재들이 '우리'로 묶일 수 있기를 바라는 마음에서 이 책을 썼다. 나는 청년여성들이 자신을 탓하지 않기를 바란다. 불안을 살아내는 것이, 이겨내는 것이 시대적 화두가 된 세상에서 우리는 살고 있다. 불안하지 않은 사람은 없다. 입 밖으로 불안을 꺼내어 말하지 않을 뿐이다. 불안을 소리 내 말하는 순간 그것은 어찌할 수 없는 사실이 되어버린다. 나의 감정도 감당해내기 힘든 현실에서 우리는 상대에 대한 미안함에 자신의 감정을 아무에게도 말하지 못한다. 심리상담을 받는 느낌으로 인터뷰를 신청했다는 한 여성의 말처럼, 이제 그러한 감정은 돈을 지불하고 해소해야 하는 무엇이 되어버렸다. 그래서 나는 이 책을 통해서라도 많은 여성이 자신의 불안을 공유하고 거기서 오는 문제들의 원인을 자신이 아니라, 사회의 탓으로 돌리기를 바란다. 우리가 응당 해야만 한다고 느끼는 수많은 노력이 우리를 끊임없이 불안으로 밀어 넣고 있음을 알게 되기를 바란다. 그리고 우리가 목소리를 되찾아 변화를 요구하게 되기를 바란다.

마지막으로, 자신의 경험을 나누어준 21명의 연구 참여자들에게 감사를 표한다. 민경, 재림, 민준, 하경, 열음, 정서, 겨레, 해랑, 가람, 지원, 지은, 세라, 다윤, 소현, 소라, 지혜, 명신, 윤미, 윤정, 재윤, 은주는 연구를 위해 기꺼이 자신의 삶을 아

낌없이 드러내주었다. 이 책이 부디 그녀들에게 어떤 의미가 되기를 바란다. 그리고 혹여나 내게 더 많은 이야기를 하고 싶은 독자가 있다면, 저자 소개에 적힌 나의 메일로 그 이야기를 나누어주기를 바란다. 나는 당신의 삶이 궁금하다. 당신의 이야기가 궁금하다.

1부

가족은 어떻게
청년여성을 옭아매는가

1장

가족위험

계급재생산의 열망과 강압적 통제

계급재생산을 향한 열망

부모의 성과중심주의는 청년여성들의 자살서사에서 자주 등장하는 소재다. 자살생각에 이르게 한 과거를 서사화하는 과정에서 여성들은 자신의 성과에 만족하지 못하는 부모, 특히 아버지와 잦은 갈등을 빚었고, 이러한 갈등이 성장기를 고통스럽게 만들었으며, 학교를 졸업한 이후에도 노동성과에 대한 관심으로 이어져 지금까지도 자기 자신을 감시하고 통제하는 도구로 작동하고 있다고 말했다. 특히 서울에 위치한 사립대학을 졸업한 청년여성들에게서 보편적으로 발견되는 이 경험은 역설적으로 성과중심주의적이지 않은 부모에 대한 비난의 서사로도 작동하고 있었다.

자녀의 교육 및 노동성과에 대한 부모의 관심은 교육을 통해 자녀의 계급을 재생산 혹은 상승시키고자 하는 열망을 나타낸다. 사교육은 흔히 '투입 대비 효율이 낮은 투자'로, 합리적이지 못한 경제적 행위로 비판되지만 사실 '불안'은 그 자체로 합리적이지 않을 수 있는 감정이기에 이러한 해석은 부모세대를 변화시키지 못한다. 아이를 낳기 전까지만 해도 사교육에 비판적이었던 사람들이 결국에는 그러한 행위에 동참하는 현실에는 자녀의 미래에 대한 불안이 자리한다. 미래에 대한 불안은 이렇게 세대를 통해 전달되며 유지된다.

따라서 중요한 것은 성과중심주의로 나타나는 불안을 구성한 사회적 배경이다. 부모세대의 불안은 한국의 발전주의 역사 위에서 이해되어야 한다. 전후 베이비붐세대였던 부모세대의 청년기 노동경험은 근면과 성실이라는 현재적 고통을 통해 '좋은 삶'이라는 미래의 비전을 공유했다. 어머니세대의 청년여성 노동자들이 공장에서 '철야'라는 이름의 스물네 시간 노동을 감내할 수 있었던 이유는 그러한 삶이 일시적이라는 사실을 믿었기 때문이다. 이들에게 지금의 고통은 지금의 순간에 박제되어 있을 뿐, 미래로 확장되지 않았다.

그러나 착취적인 노동환경 속에서도 근면과 성실을 통해 중산층적 삶을 살 수 있다는 국가의 약속은 일부 국민들에게만 제한적으로 허용되었다. 특히 1997년 외환위기의 파고 속에서 일부 노동자들만이 자신의 안정성을 지켜낼 수 있었다. 이후 노동시장에 도입된 신자유주의적 조치들은 많은 사람들의 희망과 기대가 헛된 것이라는 사실을 일깨웠으며 지금의 안정성이 영원하지 않을 수 있다는 사실을 각인시켰다. 어떤 면에서 성공적으로 극복되었다고 여겨지는 고난의 스토리는 각 개인의 삶 속에서 위험에 대한 새로운 시각으로 내재화되어 안정적 인생경로의 중요성을 다시 상기시키면서 학벌이나 학력자본을 획득해야 부족한 안정성을 그나마 유지할 수 있다는 믿음으로 발전되었다.

이런 배경에서, 부모의 성과중심주의와 여기에서 비롯되는 비난과 비하가 청년여성들의 자살서사에서 흔히 등장하는 서사라는 점은 부모세대의 외환위기 트라우마가 아직도 현현하여 현재적 삶의 위험성에 경종을 울리고 있다는 사실을 드러낸다. 결국 성실하게 노력하여 학력자본을 획득해 안정적인 일자리를 얻는 것만이 목표로 주어진다. 이러한 목표는 성공과 실패를 가르는 기준이 되며, 이를 성취하지 못한 모든 삶을 실패로 규정하게 되면서 비난의 근거로 자리잡는다.

나아가 '미래에 대한 불안'은 복지가 미비한 한국사회의 제도적 영향으로 해석될 수도 있다.[*] 우리는 국가가 개인의 인간다운 삶을 보장하지 않는다고 생각하며, 몇몇 사람들은 국가가 개인의 삶의 안정성을 보장할 필요는 없다고까지 생각한다. 이러한 생각에는 분배보다 성장을 우선시했던 한국경

---

[*] 다른 요인으로는 불안정한 청년 노동이라는 현실이 있다. 이에 대해서는 3부에서 살펴보도록 하겠다.

제의 개발 모델이 자리한다. 한국의 산업화 모델에서 고안된 국민의료보험 등의 복지제도는 사회주의를 경계하고자 했던 서구사회와는 달리 소득재분배보다는 정권 안정이라는 정치적 목적에서 행해졌다. 정권의 친위세력을 배려함과 동시에 권위주의적 정부에 대항하는 중산층 및 노동계급을 산업 현장에 다시 투입하기 위한 전략이었던 것이다.[1] 따라서 그 혜택은 미미할 수밖에 없었다.

게다가 한국의 복지 시스템은 가계가 보유한 금융자산이나 실물자산을 복지의 대체수단으로 활용하는 자산기반복지를 중심으로 발전해왔다. 생활비를 아껴 모은 저축과 실물자산인 집은 사회적 위험에 대처하는 가족적 수단으로서 각종 경조사에서 중요한 역할을 맡아왔다. 안정적인 노후를 위해서 '내 집'이 있어야 한다는 믿음이 사회적으로 통용되는 까닭은 우리가 실제로 '집'을 복지수단으로 활용해왔기 때문일지도 모른다. "가계자산은 삶의 안정성을 확보하는 주요한 수단으로서 공적 복지의 공백을 메우는 역할을 해왔다."[2]

또한 그나마 존재하는 복지제도도 설계 당시부터 수익자 부담 원칙과 국가부담 최소화 원칙을 고수했고, 이로 인해 상대적으로 안정된 고용과 괜찮은 수준의 임금을 받는 직업을 중심으로 시행되면서 노동시장 주변부에 위치한 노동자들에게는 그 혜택이 제대로 분배되지 못했다. 특히 남성 노동자와 정규직을 전제로 설계된 복지제도는 이직을 반복적으로 수행해야 했던 비숙련 노동자, 홀로 아이를 키우거나 남편을 대신

해 생계를 부양해온 여성 노동자를 상대적으로 배제했다.[3] 복지제도에서 주변화된 노동자들은 노동소득이 없는 노후에 더 큰 위험에 처하게 된다. 특히 가족의 지원마저 기대할 수 없는 상황에 처한 사람들이 빈곤층에 흡수된다. 그 결과 한국의 노인 빈곤율은 OECD 국가들 중에서도 매우 높은 수준으로, 줄곧 1위를 차지하고 있다.

　이러한 복지제도의 부재에 대응하여 중산층 가족은 주로 두 가지 전략을 수행해왔다. 생계부양자인 아버지의 경제적 지원을 바탕으로 어머니는 노동소득의 일부를 부동산에 투기하여 자산을 증식하면서,[4] 다른 한편으로는 자녀의 교육을 관리하는 젠더적 실천을 통해 노후의 부재하는 사회적 안전망을 대체해온 것이다.[5] 이러한 중산층의 계급재생산 전략은 경쟁이 심화되고 노동시장의 불안정성이 증가하면서 합법과 불법의 경계를 넘나드는 방식으로 점점 더 고도화되었다. 자녀의 교육과 시간을 관리하는 계급재생산 실천이 비중산층으로까지 확대되자 중산층 부모는 경제적 자본뿐만 아니라 인맥, 지위 등 자신의 사회자본과 문화자본까지 활용하여 경쟁의 우위를 점하고자 했다. 내신과 수능으로 이분화되어 있던 입시제도가 다변화되고 그만큼 입시 전략이 중요해진 상황에서 중산층 부모는 입시 컨설팅, 사교육 등 비싼 교육상품을 구매하거나 자신의 인적 네트워크를 이용해 허위 논문 스펙 품앗이, 표창장과 같은 공문서 위조, 교내 시험지 유출 등의 불법적 수단을 동원하며 자녀의 계급재생산을 지원하고 있다.

비중산층 부모들도 자녀의 계급상승을 욕망한다. 다만 활용할 별다른 자원이 없는 상황에서 이들은 자신들의 노후자금 일부를 자녀에게 투자하며 자녀의 계급상승을 지원한다. 노후자금과 사교육비 지출에 관한 연구에 따르면, 가구주의 교육수준이 대졸 이하인 가족일수록 월평균 소득이 상대적으로 적고, 가구주의 퇴직연금이 없으며, 학교를 다니고 있는 자녀가 많을수록 노후자금으로 사교육비를 지불하는 비율이 높은 것으로 나타난다.[6] 자녀의 대학입시는 좋은 일자리를 얻기 위한 첫 단계이기에 이러한 선택은 합리적인 것으로 간주된다.[7]

그러나 이때 자녀들이 반드시 부모가 기대하는 만큼의 성과를 내는 건 아니라는 문제가 발생한다. 부모세대와의 직접적 비교 속에서 의미화되는 '노력'은 불공정한 게임의 플레이어로서 우위를 점할 수 있는 단 하나의 수단으로 여겨지지만, 모두가 승자가 될 수는 없는 법이다. 그럼에도 모든 성과는 '노력' 문제로 해석된다. 가난이 도처에 널린 시대에 태어나 노력을 통해 현재의 삶을 일궈냈다고 자부하는 부모세대가 보기에 풍요 속에서 공부만 할 수 있도록 지원함에도 불구하고 성과를 내지 못하는 것은 노력이 부족한 탓이다. 이는 부모세대가 기대할 수 있는 지점이 자녀의 재능과 노력뿐이기 때문이기도 하다. 노후자금의 일부를 투자하는 투자자로서, 중산층과의 경쟁에서 뒤처지고 있다는 사실을 인식하고 있는 상황에서 자녀가 노력하기만 한다면, 부모세대는 '역전'할 수 있으리라 기대한다. 그래서 할 수 있는 만큼의 금전적 지원을 감수한다.

열망에 뒤따르는 비난과 폭력

20대 초반을 배우라는 꿈을 이루기 위해 노력하며 보낸 명신의 아버지 역시 그랬다. 고등학교를 졸업한 후 명신은 아버지의 금전적 지원을 받으며 상대적으로 여유롭게 배우를 준비했다. 그래서 여느 대학생보다 풍족한 생활을 할 수 있었다. 그러나 명신은 자신의 외모나 신체에 대한 업계의 비난과 지속되는 오디션 탈락에 결국 배우 되기를 포기했다. 이후 명신은 "우리나라는 대학을 나와야 살 수 있는 세상이다"라는 아버지의 말에 전문대에 진학해 졸업했다. 그 과정에서 필요했던 학자금 또한 아버지가 모두 부담했다.

명신이 전문대학을 졸업한 뒤, 그녀의 부모님은 명신에게 500만 원을 남기고 지방으로의 이주를 감행했다. 경제적 지원은 이때를 기점으로 종료되었다. 명신은 영화 제작 일을 하고자 관련 학과에 진학했지만, 전공을 살릴 수 있는 일자리는 구할 수 없었다. 대기업 "제작팀에 입사 지원을 하기에는 스펙이 너무 부족하고, 그렇다고 제작부에 들어가서 막내로 다시 일을 시작하자고 하니 나이가 너무 많"은 상황에서 명신은 결국 파견계약직으로 방송국에 입사할 수밖에 없었고 지금도 방송국을 바꿔가면서 입사와 퇴사를 반복하고 있다.

　명신의 아버지는 명신이 본가를 방문할 때마다 비난을 쏟아낸다. 명신은 자신을 향해 "제대로 하는 게 없다"고 말하는 아버지의 비난을 들으면서 "스스로 너무 실패한 사람이라는 생각"을 한다. 아버지는 "학원비 정도는 내줄 테니까 너 생활비나 이런 거는 아르바이트를 하면서 공부를 해라"라며 지속적으로 공무원이나 공인중개사 준비를 권유한다. 그러나 명신이 생각하기에 평생 공부를 해본 적이 없는 자신이 아르바이트를 병행하며 시험에 통과하기란 합격 가능성이 거의 제로로 수렴하는 비현실적인 목표에 가깝다. 이러한 명신의 '거부'에 아버지는 "해보지도 않고 말대답한다"며 "애초에 할 마음이 없고 시작도 안 해보고 안 된다고만 한다"고 명신을 비난한다.

　제가 갈 때마다 아빠가 저한테 너 그렇게 계속 싸가지 없게 굴면 너한테 말 안 하고 우리 어디 뭐 이사 가가지고 한적한 데서 살 거라고 계속 그런 얘기 하시고. 그냥 그렇게 말씀하세요. [싸가지 없이 군다는 게 뭐에요?] 자기 말 안 듣고 계속 그렇게 니 멋대로 살고 부모가 뭐라고 하든지 어디서 개가 짖네 싶게 그런 표정 하고 앉아 있다고 저한테 맨날 그렇게 말씀하세요. (……) 예전에는 저한테 계속 공무원 하라고 하셨고. 요즘에는 공인중개사 따라고 그러시거든요? 그러니까 그런 것들. 그러니까 진로 얘기를 하는 거를 자기 뜻대로 안 따라준다고 자기 말을 안 듣는다고 하세요. (……) 그리고 제가, 제가 하고 싶은 말은 제가 공무원이든 공인중개사든 그걸 시작한다고 해서 나한테 경제적으로 지원해줄 것도 아니면서 저한테 그렇게 얘기를 하는 게 나는 시간도 없고 돈도 없는데. [공무원 하라는 게 공무원 준비를 지원해주시겠다는 얘기가 아니에요?] 네! 그냥 뭐 자기가 뭐 학원비 정도는 내줄 테니까 너 생활비나 이런 거는 아르바이트를 하면서 공부를 해라 이런 얘긴데. 그게 가능하냐고요. 현실적으로. 내가 솔직히 말해서 중고등학교 때 공부를 진짜 잘했던 사람도 아니고 이제 와서 나이가 서른이 넘었는데 공부를 시작하면 그게 되겠냐고요. (명신)

명신을 향한 아버지의 비난은 명신의 불안정한 미래에 대한 우려와 걱정에서 비롯되지만, 동시에 자신의 경제적 지원에도 불구하고 아무런 성과를 내지 못한 명신의 품행에 대한 지적이기도 하다. 그러나 모든 자녀가 부모의 지원에 걸맞은 성과를 내기란 애초에 불가능하다. 명신은 스스로 생각하기에도 늘 노력이 부족했던 것 같다며 자책하듯 말했지만, 제3자인 내가 보기에 명신은 자신의 위치에서 할 수 있는 최선을 다해 배우가 되고자 노력했다. 수업이 없는 날에도 학원 연습실에 나가 대본을 읽으며 연기를 연습하고, 프로필 사진을 찍고, 누구의 도움 없이 캐스팅 오디션에 지원한 날들을 '노력이 없다'고 치부하기에는 그 흔적이 여실히 그녀의 기억 속에 존재했다.

그리고 명신의 말대로, 노력이 모든 문제를 해결해주는 것도 아니다. 아무리 노력한다 하더라도 안 되는 일 역시 존재하기 마련이다. 공무원 시험이나 공인중개사 자격증을 따라는 아버지의 요구에 "그게 되겠냐"는 명신의 판단은 합리적이다. 태어나 공부만 하면서 살아온 사람들도 합격 여부를 장담할 수 없는 시험의 세계에서 공부라고는 해본 적이 없는 명신이 시험에 통과하는 일은 얼마간의 시간이 걸릴지 장담할 수도, 합격 여부도 알 수 없는 불확실한 행위에 불과하다. 그러나 그녀의 아버지는 여전히 명신의 태도를 문제시하면서 명신을 노력하지 않는 사람으로 위치시키며 근거 없는 비난을 지속한다.

개발자로의 전직을 준비하는 재윤 역시 가족들로 인해 '숨이 막힌다'. 가부장적이기로 유명한 지역에서 자란 재윤은 어머니와 이모들의 대화를 들을 때마다 스트레스를 받는다. 조카들의 사회적 지위를 두고 이모들과 끊임없이 험담을 나누는 어머니의 말을 들을 때마다 재윤은 결국 자신도 언젠가 이들 사이에서 뒷담화의 대상이 될 것이라는 확신이 든다. 그리고 자신에게 (암묵적으로) 요구되는 성공의 기준을 달성하지 못하는 것이 두려워진다. "걔는 재수했는데 그 대학밖에 못 갔냐"는, 서울 소재 중위권 대학에 진학한 사촌에 대한 비난이나 길거리를 걷는 여성의 외모나 체형을 향한 "손가락질" 또한 재윤의 사회적 지위나 신체에 대한 암묵적 통제로 작동한다.

제가 뭔가 성취를 하면 그걸 그렇게 과하게 좋아한다거나 그런 게 좀 부담스러워요. (……) 왜 숨 막히냐면요, 약간 이모들이랑 엄마가, 좀 여혐[여성혐오]도 되게 심하고. 그런 게 좀 심해요. 그러니까 저한테 뭐라고는 안 하시는데 간접적으로 그런 거 있잖아요. 개는 재수했는데 그 대학밖에 못 갔냐 이런 얘기를 하고. 저한테 뭐라고 하시진 않아요. 그냥 남을 지적하면서 이렇게 길 지나가다가 뚱뚱한 여자가 있으면 아 저 여자 보라면서…… 손가락질을 하세요. 그냥 진짜 아무 상관 없는 그냥 길 가는 여잔데. 여자가 저렇게 뚱뚱해서 되겠냐 손가락질을 하시는데 저는…… 그걸 들으면 아 나도 여기서 뚱뚱해지면 저 손가락질을 받을 수 있겠구나, 라는 생각을 하잖아요? 그래서 그게 숨 막혀요. (재윤)

또한 성과에 대한 어머니의 태도 역시 재윤을 괴롭게 한다. 재윤은 한 방송국에서 프리랜서로 근무하다가 경쟁적인 문화에서 비롯되는 압박감을 견디지 못해 우울증이 발병하면서 결국 퇴사했는데, 어머니는 이러한 상황에 대한 고려 없이 유명한 회사를 퇴사한 것에 대해 지속적으로 아쉬움을 표현한다. 직업을 바꾸기 위해 다른 공부를 하고 있는 재윤에게 "방송국 나온 거를 후회하지 않냐"는 어머니의 말은 재윤으로 하여금 "내가 전시품인가?"라는 생각이 들게 하며, 동시에 백수인 현재 상황에 대한 "자괴감"을 낳는다.

때로 부모의 성과중심주의는 '때려서라도 공부를 하게 만들겠다'는 훈육관으로 이어져 폭력을 정당화하기도 한다. 정서는 어렸을 때부터 아버지가 설정한 기준을 충족하지 못할 때마다 "뺨을 맞기도 했고 주먹으로 얼굴을 맞기도" 하는 등 폭력에 시달렸다. "공부를 잘하지 못해서" 혹은 "기대에 미치지 못해서"라는 이유로 행해지는 부모의 비난은 자살전화 상담원이 꼽은 청년여성 자살서사 중 하나의 사례로 언급될 정도로 빈번하게 관찰된다.[8] 성공이 아닌 모든 것이 실패로만 규정되는 이분법적 상황에서 부모는 자신의 모든 행위를 자녀의 계급상승이라는 명목으로 합리화하면서 자신과 자녀 모두를 위태롭게 만든다.

공부를 잘해도 만족을 시켜도 저한테 돌아오는 보상이 없었어요. 그게 조금 저를 열받게 하면서, 제가 보상심리가 (웃음) 되게 강한가 봐요. (웃음) 그게 너무 열받는 거에요. 다른 애들은 뭐 이번, 여기까지 올라가면 이거 해줄게, 이거 해줄게, 막 이런다는데 나는 그냥 잘해서 엄마 아빠가 내 소중함을 모르는 건가? 이런 생각도 들고? 아 그러면서 이제 점점 반항을 하기 시작했어요. 응…… 그냥 이제는 성적 떨어져서 이런 것도. 그냥 집 싫고 아빠 싫고 너무 무서워 무섭고 싫고. (정서)

한편, 부모가 노골적으로 성과를 강조하지 않는다 하더라도 자원이 부족한 부모에게서 받은 경제적 지원에 상응하는 성과를 내야 한다는 압박에 괴로움을 느끼는 경우도 있었다. 서울 소재 대학으로 편입을 준비하고 있던 소현은 어머니의 투자에 보답해야 한다는 생각에 힘들어했다. 부모님의 이혼 이후 아버지와 함께 살았던 소현은 빈곤한 유년 시절을 보내다 어머니와 함께 살면서 비로소 안정을 누리게 되었다. 곰팡이가 가득했던 집, 겨울이면 새어나왔던 입김으로 재현되는 풍경들, 돈이 없어 밥을 해 먹지도 사 먹지도 못했던 일상과 "우리 집은 돈이 없다. 아껴 써야 된다"라는 아버지의 반복적인 당부로 서사화되는 유년기에 자리하는 가난은 소현으로 하여금 자신에게 투여되는 '돈'에 집중하게 만든다. 더 좋은 대학에 진학하기 위해 재수를 선택했지만 원하는 결과를 받지 못했던 자신을 향한 어머니의 차가운 태도에 대한 기억은 성과를 내야 한다는 의무와 부채감을 지속적으로 상기시킨다.

혼자서 그냥 독서실을 다니면서 독학 재수를 했는데 모의고사 성적보다 수능 성적이 좀…… 낮게 나왔어요. 그래서……. 음…… 엄마한테 내가 재수를 하겠다, 대신 그 학비 걱정을 좀…… 덜기 위해서 국립대로 가겠다, 라고 약속을 한 상태였고. (……) C대학교 정도……밖에 못 쓰는 상태였었어요. 엄마한테 그 말씀을 드렸을 때 처음으로 엄마가 차가웠어요. (……) 그때 엄마가 하셨던 말씀이, 엄마 나 B대랑 A대 못 쓸 거 같아, 라고 말을…… 했을 때 엄마가 "아 할머니한테 어떻게 말하니?"라고…… 하셨었거든요. 할머니한

테 어떻게 말씀드리냐, 라고 하시고……? 네, 한동안 서로 말을 안 했어요. 한 이틀 정도? (소현)

성과중심주의의 양가성

한편, 자녀의 성과에 대한 부모의 관리가 일상화된 상황에서 자녀의 성과에 연연하지 않는 태도는 무관심으로 번역되기도 한다. 서울 중위권 대학의 사회복지학과에 재학 중인 민준은 성공이라는 목표에 유리하게 작용하기만 한다면 억압적 훈육도 용인될 수 있다고 본다. 민준의 부모님은 자신의 삶과 자녀의 삶을 독립적인 것으로 간주하여 민준의 삶에 직접적으로 개입하기보다는 자녀의 선택을 응원하고 지지했지만, 민준의 서사 속에서 이러한 행위는 '방치'로 언어화된다. 왜 공부를 해야 하는지 이해하지 못하는 자녀에게 공부를 강요하지 않았던 부모는 결과적으로 자녀의 뒤처짐을 방치한 것이고, 이 뒤처짐으로 벌어진 간극 때문에 모두가 쉼 없이 달려가는 경주에서 역전승을 연출해내지 못한다는 것이다. 체벌이나 비난을 동반하는 훈육은 민준에게 자녀의 성공을 위한 부모의 노력으로 의미화된다.

부모님이 나를 그동안 어떻게 키웠냐를 돌아보면 조금 약간 방치 스타일이…… 크다는 생각이 든 거에요. 그러니까 오히려 막 이것저것 체크하고 막 강압적으로 쪼는 부모님보다는 이게 훨씬 나은 거라는 건 알고 있는데, 너무 그 자라나는 아이가 아직 확고한 주관이 없는데 그렇게 하고 싶은 대로…… 막…… 하게 그렇게 자유롭게 놔뒀어도 되는 것인가? 아이의 미래를 위해서……. (민준)

취업을 앞둔 상황에서 민준이 느끼는 '불안'은 부모의 방치에 대한 비난으로 전환된다. 민준은 좋은 대학을 나온 부모가 자녀에게 유사한 지위를 물려주고 싶다는 열망에서 자녀를 관리해 결국 명문대 공대를 진학시킨 지인의 사례를 "학구열이 있는 타입"으로 의미화하면서 자신의 의사를 존중한 부모님의 사례와 대비되는 것으로 위치시킨다. 중학생 때는 그런 부모를 둔 또래를 보고 "정말 피곤한 인생"이라 생각했지만, 지금은 그러한 양육을 유리한 위치에서 사회생활을 시작할 수 있게 하는 기회라 생각한다. 민준의 이야기 속에서 중산층 부모를 둔 친구들은 대학입시 과정에서 부모에게 유망한 전공을 추천받고 자기소개서 등의 서류를 점검받으며 입시계획에 대한 조언을 얻었을 뿐만 아니라 대학에 입학한 뒤에도 부모의 조언을 통해 원하는 직업에 맞춘 수업의 커리큘럼을 짜는 등의 지원을 받았다. 그러나 이 모든 걸 홀로 해야 했던 민준은 스스로 아무것도 하지 못한 채로 뒤처졌다.

제 친구네 부모님이, 이제 어 아버지…… 아버님이 컴퓨터

계열 프로그램 그런 거 종사자세요. 지금 보면 가장 잘나가는 그런 직업⋯⋯이신 거잖아요. 그래서 이제 제 친구한테 대학을 쓸 때 이과를 가라. 이과를 가서, 그런 쪽을 가라, 이런 쪽 돈 잘 벌고 그러니까 이런 쪽이 취업하기 편하다, 알려줬어요. 제 친구한테. 그래서 제 친구는 그대로 썼어요. 그러니까 또 다른 친구를 보면은 저희 학과에서 만난 친군데 이 친구는, 그러니까 이 친구들이죠. 정확히 말해서. 이 친구들을 보면은 부모님들이 전문직이거나 공무원이거나 이러신 거에요 다들. 그러니까 애초에 그런 직업에 대한 얘기를 심도 있게 전해주셨더라고요. 대기업에 다니는 부모님들도 뭐 지금 보니까 공대 쪽이 취업이 잘 된다. 그래서 너 하고 싶은 게 없으면 공대 쪽으로 가라, 해가지고 하고 싶은 게 있음에도 취업이 잘 된단 이유로 공대 쪽으로 간 친구도 많고. 그리고 부모님들이 그렇게 얘기를 해줘서 아 나는 1학년 때부터 전문직에 대한 그런⋯⋯ 정보? 뭐 공부해야 하는지? 이런 거 다 해가지고 공부한 친구도 있고 그렇게 따라간 친구도 있고. 부모님이 고위 공무원이셔서 공무원 시험 준비해라, 해가지고 1학년 때부터 그거 커리에 맞춰서. 저희는 그 공기업⋯⋯ 복수전공 말고 연계전공이라고 약간 그런 거에 맞춰서 설계된 전공들이 있어요, 수업들이. 그래서 공기업 연계전공이면 공기업⋯⋯에서 필수로 들어야 하는 수업들이 있는데 그거만 여러 학과에서 빼가지고 연계전공을 만들어준 거에요. 거기 따라가면서 수업을 들으면 공기업에서 이제 들어야 하는 수업들을 다 듣는 거죠. 공기업에서 필수로 요구하는 조건들의 수업? 그런 걸 다 듣는 거죠. 그런……. 그런 식으로 부모님이 이런 거 공부, 이 과목 이런 거 공부를 해서 공무원이 돼라, 해가지고 제 주변에는 그거 그대로 따라서 그래서 7급 합격해서 다니고 있는 친구도 있거든요. 합격한 친구. 다니고 있진 않고. 합격한 친구. (민준)

물론 민준도 부모님을 탓하는 지금 자신의 생각이 '올바르지 않다'는 사실에 대해서는 인식하고 있다. 안정적인 일자리를 얻기 어려운 자신의 문제가 부모로부터 비롯되었다고만 생각하지도 않는다. 하지만 친구들이 부모의 자원을 활용해 경쟁에서 우위를 점하는 상황에서 "지금부터 하면 다 된다"는 부모의 응원은 "취업 상황을 모르고 하는 소리"로, 즉 무지에 따른 지나친 낙관으로 느껴진다. 그 결과 억압적인 훈육 방식으로 고통받았던 정서 같은 사례 역시 민준에게는 "그런 집안이 아닌데도 불구하고 마음의 병이 생"긴 자신의 상황과 결과적으로 동일한 상황으로 대치되면서 부모에게 맞아서 괴롭든 실패해서 괴롭든 "이거나 저거나 같은 거"처럼 느껴진다.

요즘……에는 제가 이 생각에는 저에서 그치지 않고 아까도 얘기했듯이 부모님 쪽으로 넘어가는 거에요. 부모님이 조금 더 그런 거에 대해서 정보가 있으신 분이었다면…… 부모님이 그때 나를 조금 더 잡아줬더라면 사실 이런…… 어떻게 보면 좀 올바르진 않은 거 같은데 자꾸 부모님을 원망하게 돼가지고. 근데 제가 속에 있는 걸 털어놓을 수가 없잖아요. 그러니까 그렇게 되면은 뭐 예를 들어서 아 제가 너무 늦은 거 같다고, 나 이제 나 이미 인생이 망했다고, 한번 제가 최근에 운 적이 있었어요, 아빠 앞에서. 근데 이제 아빠는 조금 긍정적인 편이셔서 아니 니가 뭐가 늦었냐고 이제 시작인데 지금부터 하면 다 된다 그렇게 얘기를 하시는데 제가 보기에는 그렇지 않은 거에요. (웃음) [이해를 못하시는 거 같아요?] 네 그냥 옛날엔 그 말이 진짜 좋았어요. 스무 살, 스물한 살 때까지는 그 말이 너무 좋았는데 이제는 제가 그걸로도 위로를 받지 못하는 거에요. 왜냐면 난 지금 늦었는데, 진짜 늦었는데 지금부터 할 수 있다고 그건 지금 상황을 모르고, 취업 상황을 모르고 하는 소리지. (웃음) 그런 얘기 말고 뭔가 그냥 주변에 친구들이라든가 그런 얘기는 안 하시나? 약간…… 좀 딸을 위해서 찾아보…… 그런…… 그런 노력은 안 하시는 걸까? 사실 이게 보면 저도 되게 부모님한테 모든 책임을 떠넘기려는 거 같기는 해요. 그건 제가 인지는 하고 있는데, 자꾸 그렇게 되더라고요. (민준)

정리하자면, 청년여성들의 서사 속 가족은 결국 자신의 성과가 담보되어야 안전할 수 있는 공간으로 인식된다. 가부장적 가족에서 권력을 행사하는 '아버지'의 존재는 특히 정서적 친밀성을 나눌 수 없는 존재로 그려진다. 이들의 일상에서

'아버지'는 내가 실패했을 때, 나를 위로하고 내게 힘을 주는 사람이라기보다 품행을 평가하며 성과를 비난하는 사람이다. 사실상 계급상승 과정에 부모의 자원이 개입된다는 점에서 자녀의 성과는 자녀의 능력뿐만 아니라 부모 자신의 능력 또한 원인이 될 수 있지만, 그러한 한계는 발화되지도, 인정되지도 않으며 가부장적 권력 위에서 지금의 실패는 오롯이 자녀의 능력 부족으로만 환원된다. 이처럼 정서적 친밀성이 없는 '아버지'와의 관계는 청년여성들에게 자신의 실패에 대응하는 사회 안전망이라기보다는 성과를 중심으로 언제든 비난하고 비난받을 수 있는 친족 네트워크로 의미화된다. 계급상승에 대한 부모의 욕망과 그러한 기대에 자녀가 부응하지 못한다는 데서 비롯된 비난은 청년여성들에게 억압과 폭력의 기억 속에서 부정적으로 전유되며 다시 현재를 구성한다.

마찬가지로 자녀의 미래에 대한 낙관 역시 경쟁사회에서 '방임'으로 의미화되면서 부모에 대한 불만과 비난을 유발한다. 부모의 자원을 동원하여 우위를 점하는 사람들이 많아질수록, 그렇지 못한 사람들의 박탈감은 커지기 마련이다. 게다가 부모의 지위와 이를 기반으로 하는 정보들은 돈으로는 살 수 없는 종류의 것으로, 노력을 한다 해서 그 격차를 따라잡기 어렵다. 이러한 상황에서, 박탈감은 부모에 대한 원망으로도 나아간다. 청년여성들 또한 그러한 감정이 합당하지 않다는 사실을 잘 알고 있지만, 반복되고 예견되는 실패 속에서, 자신에 대한 자책과 부모에 대한 원망이라는 양가적인 감정에 고통받고 있다.

가정에서 이뤄지는 강압적 통제

체벌이라는 이름의 폭력은 성과중심주의뿐만 아니라 부모의 가부장적 권력을 확인하고자 하는 목적에서 행해지기도 한다. 몇몇 참여자들은 가족 내에서 부모의 폭력과 차별에 시달려왔다. 일반적으로 이러한 경험은 '가정폭력'이나 '아동학대'라는 이름으로 명명되지만, 대부분의 여성들이 자신의 경험을 아동학대나 가정폭력으로 인식하지 않는다는 사실은 이들의 경험을 해석하는 과정에서 어려움을 야기한다. 여성들이 경험한 폭력은 신체에 대한 위해뿐만 아니라 지속적인 성차별과 같은 미시적 측면도 아우른다. 부모에 의해 행해지는 폭력은 물리적 폭행을 동반하지 않더라도 그 영향이 성인이 된 이후에도 종료되지 않고 이어지며 참여자들의 현재에 지속적인 영향을 미치고 있다는 점에서 현재진행형이다.

나는 참여자들의 경험을 아동학대나 가정폭력이라는 이름으로 범주화하기보다는 강압적 통제라는 측면에서 접근하고자 한다. 강압적 통제란, 성역할 규범이 존재하는 성차별적 사회에서 여성의 행동을 비난함으로써 여성을 통제하고 규제할 수 있다는 인식을 기반으로 남성들이 '성에 대한 특권'을 유지하고자 사적 공간에서 여성들에게 가하는 지배수단을 의미한다.[9] 우리가 폭력을 육체적인 행위로만 정의한다면, 언어적으로 행해지는 통제, 모욕, 위협, 경멸 등 폭력 과정에서 동반되는 통제의 기술은 누락된다.[10] 친밀한 관계에서 발생하는 폭력의 육체적 상흔들은 여성 통제의 결과이므로, 핵심은 폭력이 아닌 통제에 있다.[11] 아내학대나 아동학대 모두 이들을 자신의 통제 대상으로 인식하는 가부장적 태도에서 기인한다는 점에서 가부장에 의한 강압적 통제로 의미화될 수 있다.

가부장적 사회의 가족문화에서 폭력은 때때로 남성 생계부양자로서의 역할을 성공적으로 수행하지 못한 아버지가 사회적으로 손상된 자신의 지위를 가정 내에서 재구축하는 수단으로 활용된다. 외환위기 당시 아버지의 사업 실패 후 어머니가 실질적인 가장 역할을 수행한 열음, 어머니가 아버지보다 학력이 더 높은 재림, 아버지의 사업 실패로 생계가 불안정해진 지원의 사례에서 아버지의 폭력은 남성 가부장의 '불안정한 경제적 지위'를 배경으로 이루어진다. 아버지들은 경제적으로 취약한 자신의 상황으로 인해 가족들이 자신을 '무시'한다며 폭력을 행사했다.

> [표면적인 이유도 없었어요? 정말 우발적인 거? 그때그때 이유가 맨날 달라지는 거에요?] 근데 보통…… 근데 약간 정해진 게, 뭐…… 몰라, 라고 말을 하는 거? 뭐를 이렇게 질문을 했을 때, 몰라! 이렇게 말을 하는 거랑 밥 먹을 때 물을 마시는 거? 그리고……. 그리고 또 뭐였지? 무튼 몰라라고 말하는 거, 밥 먹

을 때 물 마시는 거 이거 두 개는 무조건이었고요. 나머지는 그냥 그때그때 이유가 바뀌었던 거 같아요. (……) 막 뭐라고 질문을 하면은 고민하는 척이라도 해라…… 너는 나를 무시하는 게 아니냐. 뭐 이런 식으로 되게 싫어했어요 몰라라는 말을. [물은요?] 물은…… 정말 미스터리에요. 밥 먹을 때 물을 그렇게 못 먹게 하더라고요. 저는 밥 먹을 때 물 없으면 밥을 못 먹는데……. 물을 먹고 싶으면은 밥상을 많이 엎고 그랬어요. (……) 술 마시러 일단 나가면 얼마나 취해서 들어올지 모르니까. 좀 무섭죠. 근데 또 운이 좋으면은 안 맞을 때도 있어서 희망을 좀 걸고. 일단 깨워서 자기가 하는 그런 푸념 같은 거를 귀 기울여 들어주지 않으면 무시한다고 생각해요. 일단 불을 딱 켜고 깨우면은 거기서 이제 제가 정말 무슨 왕 대접하듯이 비위를 맞추지 않으면…… 네…… 손이 날아오고. [돈 벌기 힘들다, 뭐 그런 얘기 하는 거에요?] 그럴 때도 있고. 보통, 그냥 내가 어떤 사람이었는데 내가 왕년에 이랬는데…… 뭐 이런 말 있잖아요. 나도 잘 살아보려고 한 건데…… 내 탓은 아니지 않느냐. 뭐 어쩌고저쩌고……. (열음)

열음의 사례는 가족구성원에 대한 아버지의 인식을 명확하게 드러내는 사례다. '왕'은 자신을 설명할 필요가 없다. 설득은 평등한 관계에서 발생하는 행위다. 식사를 할 때 물을 마시지 말아야 하는 이유를 알려주지 않아도 아내와 자녀들은 아버지의 뜻에 따라야 한다. 술을 마시고 들어와 열음을 깨워

푸념을 늘어놓는 행위에서도 설득은 생략된다. 명령하는 자와 복종하는 자의 관계이기에, 열음은 "왕 대접하듯이 비위를 맞추"지만 폭력을 피할 수는 없다. 가부장적 가족구조 아래에서 아내와 자녀는 내가 아닌 존재들로, 내가 정의를 내려주어야만 하는 존재들이다. 열음이 어떤 마음을 가지고 있는지, 어떤 기분인지는 중요하지 않다. 그녀의 아버지가 판단한 감정이 바로 열음이 표현한 감정이 된다. 아내와 자녀들은 아버지의 것이고, 아버지를 통해 정의되는 존재이고, 그래서 아버지만이 그들을 정의할 수 있다.

그래서 피해자 입장에서 폭력은 '우발적'이지만, 가해자 입장에서 폭력은 '정당한 행위'로 자리잡는다. 자신을 무시하거나 화나게 했다는 말은 적어도 그들에게는 진실이다. 가해자들은 (타인의 감정에 정의를 내리기 위해) 자신의 감정에 충실하다. 아버지가 "엄마에게 칼 들고 협박했던" 장면이 기억나는 지원은 어머니가 일찍 돌아가신 후 아버지와 살아왔는데, 그녀의 아버지 또한 사업에 실패한 후 자신을 '무시한다'는 이유로 지원을 때리거나 물건을 집어 던지는 등의 폭력을 행사했다. "어디 아빠가 전화를 먼저 끊으라고 하지도 않았는데 끊느냐"는 아버지의 말에 '할 말이 끝난 줄 알았다'는 그녀의 설명은 변명으로 치부된다.

저한테도 이제 뭐. 진짜 사소한 거 있잖아요. 저는 그때 이제 어렸고…… 그냥 그랬는데 이제 낮에 통화를 해요. 예를 들어서. 한번은 낮에 통화를 했는데, 아빠가 뭐 무슨 말을 했어요. 그럼 이제 나는 전화가…… 끝난 줄 알고 통화가. 아 네 알겠어요, 하고 끊었어요. 근데? 아빠는 그게 아니라 그 뒤에 뭐 더 할 말이 있었는데 내가 먼저 끊었다 이거지. 이거죠. 그래서 밤에 자고 있었는데, 술. 그날. 그날도 술을 마시고 들어온 거에요. 저 자고…… 거실에서 자고 있던 저를…… 갑자기 일으켜 세워가지고. 막 엉덩이를 때리면서 어디 아빠가 전화를 먼저 끊으라고 하지도 않았는데 끊느냐. 저는 자다가 어안이 벙벙해가지고 막 울면서 죄송하다고 그러고. 막 그런 식으로…… 좀 자면서 봉변당한 적이 있었고 저는. (지원)

성적을 이유로 잦은 체벌을 경험한 정서 역시 이따금씩 알 수 없는 이유로 아버지에게 맞곤 했다. 한번은 친구가 자신의 노트에 이름 대신 별명을 적은 일을 두고 "너는 니 이름이 있는데 이게 뭐냐"며 아버지가 화를 낸 사건이 있었는데, 지금도 그녀는 왜 자신이 그때 그렇게 혼이 났던 건지 이해하지 못한다. 재림 또한 아빠의 폭력에 대해 "이유를 알 수가 없"다고 말하며 "본인이 기분이 안 좋은 날 어떤 씨앗이 이렇게 막…… 확…… 이렇게 돼버리는" 것으로 폭력 상황을 설명했다. 또한 여성들은 '대들어서' 혹은 '반항해서'라는 말로 아버지에게 맞은 이유를 설명하는데, 이는 폭력 상황이 발생하기 전 여성들이 아버지의 명령에 동의하지 않았고 그 행위에 대한 결과로서 처벌이 뒤따랐다는 사실을 지시한다.

좀 어이없는 이유가…… 이거는 진짜 자주 생각나는 건데요. (웃음) 좀 어이없으실 거예요. 제가 초딩 때 막 노트 같은 거에 친구들이랑 별명을 붙이잖아요. 아빠가 그걸 보고 너는 니 이름이 있는데 이게 뭐냐면서 진짜 엄청 화를 내면서 노트도 찢어버리시는 거에요. 근데 그게 이렇게까지 화를 낼 일은 아니잖아요 솔직히? 이해할 수 있는 거를 넘어선 거죠. 솔직히 그거는 아직……도…… 매일매일 생각이 나요. (웃음) 어이가 없어서 하하하. 아니 이게 그냥 친구들끼리 장난치면서 별명 그냥 써놓은 건데 왜 저러시…… 왜 저러지? (정서)

제가 초등학교 4학년 때도 뭐…… 뭐 때문이었지. 뭐 컴퓨터로 뭘 하고 있었는데, 컴퓨터로 뭘 하고 있었는데 아빠가 자꾸 장난을 치는 거에요. 하지 말라고 하는 도중에 밀치면서 아빠가 넘어졌어요. 근데 아빠가 거기서 화가 많이 났던 거 같아요. 그래서 연속으로 뺨을 내려치고. 그…… 바닥 청소용…… 바닥 간단히 쓸 때 나무 빗자루 같은 거 있잖아요. 그걸로 머리를 세게 치셨거든요? 그래가지고 그때 약간 그 일이 트라우마로 남고. 그 이후부터는 한 번이 쉽지…… 한 번이 어렵지…… 그다음은 쉽다고 손찌검을 많이 하셔가지고. 지금도 물론 체격 차이나 그런 거에서 오는 무서움도 있지만 뭔가…… 남자…… 남성…… 어른 남자에 대한 공포심이 약간 존재하는 거 같아요. 언성 높아지는 것도 조금 무섭고. (재림)

어릴 때부터 되게 아빠가 강압적이고 뭔가 그렇게 다혈질이시고 이래가지고 어릴 때도 아빠한테 대들어본 적이 없어가지고 그냥 커서도 아빠가 그냥 그렇게 얘기하면 아 알았어 하고 이렇게 그냥 대답만 하고 약간 회피하는? (명신)

이제 뭐 신발을 사라고 해서 제가 돈을 받고 사왔는데 이 하이탑이 유행이었어요. 그래서 이제 발목까지 오는 하이탑을 사서 오니까 언니가 그거 [학교] 규정에 안 되는데? 이러는데, 규정에 분명 되는 거였거든요? 근데 언니가 그냥…… 그러니까 아빠가 이제 환불해라 이러고 저는 당연히 유행에 따라가고 싶으니까 싫다 이러고 싸우다가 그런 이유로도 많이 맞고. 아빠한테 저는 좀 많이 대들었어요. 그래서 맞았던 거 같아요. (세라)

또한 참여자들의 경험에서 공통적으로 드러나는 또 다른 통제는 여성의 몸, 즉 섹슈얼리티에 대한 통제다. '아내답지 못해서' 혹은 '지나치게 여성다워서' 발생하는 아내의 성역할과 섹슈얼리티를 향한 통제는 '성적이 나빠서' 혹은 '옷차림이 학생답지 않아서'라는 '학생다움'에 대한 통제로 대치될 수 있다. 가부장에 의한 폭력은 가족구성원에 대한 훈육으로 정당화된다.

정서의 아버지는 그녀가 집에서 맞았다는 사실을 누구나 알 수 있도록 일부러 교복을 입었을 때 "보이는 곳"을 때렸으며, 명신과 세라의 아버지도 폭력을 통해 옷차림을 통제하고자 했다. 이러한 폭력은 언제나 우발적이어서, 체벌의 도구는 정해져 있지 않고 "그냥 손에 잡히는 걸로"(명신) 자행된다. 폭력은 아버지가 존재하지 않는 경우 가족 내 가부장 역할을 대리하는 어머니에 의해서도 수행된다는 점에서 가부장적 권력제도가 가부장에게 허용하는 권력 행사의 도구이다. 한부모 가족이었던 겨레는 "남자랑 조금이라도 친해 보인다거나 하면" 어머니에게 "걸레 취급"을 당했다. 학창 시절 지인에게 성폭력을 당한 경험이 있는 겨레는 해바라기센터*에도 방문하는 등 처음에는 경찰에 신고를 하고자 했지만 "엄마가 또 나에 대해서 뭐라고 할지가 더 두려워" 포기했고 이는 지금까지도 후회로 남아 있다.

부모의 폭력은 반드시 물리적 폭행이 동반되지 않는다 하더라도 자녀의 삶에 위협이 될 수 있다. 아버지의 사업 실패 후 부모가 이혼을 하게 되면서 아버지와 함께 살게 된 소현은 신체적 폭력을 경험하진 않았지만 아버지의 "술꼬장"을 견뎌야 했다. "아빠가 술만 드시면 항상 이상한 말"을 하거나 "고집을 되게 많이 피우"는 상황에서 소현은 아버지와 잦은 마찰을 경험했고, 싸우기 싫어 방으로 들어가면 화를 참지 못해 거실에서 "소리 지르는" 아버지를 견뎌야 했다.

---

* 여성가족부 산하 여성폭력 지원기관. 성폭력, 성매매, 가정폭력의 피해자들에게 의료 및 심리지원, 법률상담 등을 제공한다.

차별과 편애로 나타나는 통제

한편, 일부 여성들에게 강압적 통제는 다른 형제자매에 대한 편애로 경험된다. 대체로 이러한 편애는 자녀의 성별을 따라, 아들에게로 집중된다. 이 경우, 부모는 아들에게 더 많은 돈을 쓸 뿐만 아니라, 아들의 욕구를 언제나 우선시함으로써 딸의 의사를 무시하고 주변적인 것으로 치부한다. 딸의 생각, 주장, 감정에 대한 지속적인 무시를 동반하는 가족 내 성차별은 가족을 위한 존재로서 딸을 규정지으며 이들의 행위성을 박탈한다.

아들을 더 사랑하는 부모를 둔 지혜는 경제적 지원뿐만 아니라 다양한 차원에서 차별을 경험했다. 대학 입학 후 지혜는 월 20만 원의 용돈 안에서 교통비, 통신비, 교재비 등 생활에 필요한 모든 비용을 해결해야 했고, 당연히 학업과 아르바이트를 병행할 수밖에 없었다. "알바를 거의 한 달 이상 쉬어본 적이 없"는 지혜는 오빠가 운전면허학원 등록비를 자연스럽게 아버지의 카드로 결제하는 상황을 보면서 "약간의 좀 큰 현타"를 느꼈다. 지혜는 단 한 번도 "운전면허학원을 등록하려고 아빠에게 카드를 달라고 [할] 생각을 해보지 못했"던 것이다. "운전면허학원을 다니려면 지금부터 적금을 얼마나 넣어야 되지?" 생각했을 뿐이다.

차별의 상황이 "세세하게 너무너무 많아서 기억이 안 나"는 정도라는 지혜는 오빠의 밥은 챙기면서도 자신의 식사는 묻지 않거나, 가사노동의 책임을 자신에게만 강요하는 어머니의 태도에서 일상적으로 차별을 경험한다. 그뿐만 아니라 여성이라는 이유로, 특정한 섹슈얼리티 규범을 강요받기도 한다. 오빠의 비만에 대해서는 침묵하면서 "딸들에게 심하게" "너 진짜 뚱뚱해"라고 모욕을 주거나, 딸들의 외박이나 늦은 귀가를 금지하는 것은 여성의 신체에 대한 성차별적 규범을 상기시킨다.

> 오빠랑 저랑…… 귀가…… 독촉 시간이 다르다든. 집에 만약에 집에 식구들이 있어요. 엄마가 뭐 만약 출근을 하셨고, 집에, 저랑 뭐 언니랑 오빠가 있어서 저한테 전화를 해요. 그러면은 뭐 집에 누구 있어? 그러면 집에 누구 있고 누구 있고 누구 있어, 얘기하면 뭐 ○○이 밥은 먹었니? 그러니까 오빠…… 얘기하면서 걔 밥은 먹었니? 이렇게 물어볼 때나…… 집에 와서 만약에 저희가 집안일 안 해놨으면은 저희한테…… 집에서 놀면서 아무것도 안 하냐고 짜증 낼 때? [오빠도] 같이 놀고 있었음에도? (지혜)

재림 역시 유년 시절부터 가족의 경제적 지원이 남자 형제에게만 투여되고 돌봄노동은 자신에게만 주어지는 상황에서 자신의 선택이 제한되는 것을 넘어 존재 자체가 부정당하는 경험을 해왔다. 일가친척과 근거리에 살고 있는 재림은 어렸을 때부터 할머니와 함께 살면서 자신의 방을 가져본 적이

없었다. 필요한 방은 네 개였지만 사용할 수 있는 방은 세 개
인 상황에서 재림은 할머니와 함께 방을 사용했다. 이런 상황
에서 친척들은 자신의 집처럼 재림의 집을 드나들었고, 재림
은 방에서 옷을 갈아입을 때조차도 누가 문을 열 수도 있다는
생각에 긴장하곤 했다. 문을 잠그고 싶었지만, 가족들은 "왜
문을 잠그냐"고 다그치며 재림을 이해하지 못했다.

> 제 방이 없었어요. 제 방이 없이 이제 할머니랑 방을 같이 썼
> 는데. 그래서 저는 성인? 성인? 때까지도 할머니랑 방을 같
> 이 썼어요. 그러니까 그냥 제 방이…… 한 스물…… 그러니
> 까 남동생이 집을 나가기 전까지는 제 방이 없었어요. 그런
> 데 할머니께서 이제 거의 저희 엄마 아빠가 맞벌이를 하시
> 다 보니까 할머니께서 집안일을 많이 도와주시고? 좀 그러
> 다 보니까 되게 식구들이 방을 아무렇지 않게 그냥 들어와
> 요. 그래서 옷 입을 때도 굉장히 제가 항상 긴장해 있는……
> 상태여서. 되게 예민한…… 사람으로 제가 자라버린 거 같
> 아요. 어느 순간부터. 그리고 친가 식구들이 다 동네에 사는
> 데. (……) 집 비밀번호도 다 알고 있고. 네 그러다 보니까. 근
> 데 저는 제 방이 있으면 차라리 덜하겠죠. 방으로 피신을 하
> 고, 아 고모 안녕하세요, 이러고 들어가서 제 할 걸 하면 되는
> 데…… 저는 할머니랑 방을 같이 쓰다 보니까 그게 전혀 안
> 되는 거에요. 그래서 안녕하세요, 이러고 계속 얘기를 듣고
> 있다든지. 뭔가를 하지 못하는 상태인 거죠. (……) 잠그기도

하는데…… 하…… 그런데 그래도 왜 문을 잠그냐. 약간 이런 식이에요. 그, 그냥, 그냥 이해를 못하는 거에요. 자기들 상황이 아니니까. 상황이 아니어서. [옷 갈아입을 때 문 여는 게 짜증 난다고 말해도 이해를 못하세요?] 아 뭐 근데…… 그거는 잠깐이지 않냐. 이런 식으로 얘기를…… 하더라니까요. (웃음) 그냥…… 말이 정말 소통이 되지가 않아요. (재림)

재림의 경험에서 드러나는 문제는 재림에게 '혼자만의 방'이 없었다는 사실이 아니라 가족들이 그녀의 생활을 존중하지 않았다는 점이다. 할머니와 방을 공유한다 하더라도, 재림이 옷을 갈아입거나 공부를 할 때 가족들이 재림의 공간을 배려해주었다면 그녀는 별다른 문제를 느끼지 않았을 수도 있다. 그러나 재림을 제외한 모든 사람이 자기만의 공간이 필요한 그녀를 이해하지 못했고, 재림의 불편함보다 자신들의 편리함을 우선하며 재림을 무시했다.

재림을 향한 무시는 성인이 된 지금까지 이어져 그녀를 괴롭게 만든다. 예컨대 최근에 있었던 자동차 사건 또한 이러한 인식의 연장선에 있는 일이었다. 재림의 부모님은 갑자기 재림에게 '차를 사주겠다'며 지인의 차를 매매하면서 보험료를 낮추기 위해 어머니 명의로 차를 계약했다. 그러나 차를 구매하자마자 "좀 타면 안 되겠냐"며 남동생이 사용하기 시작했고 어느 날 보니 차는 사라져 있었다. "어느 순간 팔아버렸"다는 것이다. 차를 사는 결정에서 되팔게 되기까지의 과정에서 아무도 재림의 의견을 묻지 않았으며 발화되지 못한 그녀의 생각은 존중되지 못했다. 이에 대해 재림이 항의하자 어머니는 "나중에 여유 되면 다시 사주면 되잖아"라는 식으로 문제를 대수롭지 않게 넘겨버려 재림을 힘 빠지게 했다.

이번에 운전면허를 따면서. 제가 너무 우울한 거를 그냥 엄마 아빠도 대충은 알고 계셨어요. 왜냐하면 제가 병원에도 다니고, 그러니까. 알고는 계셨는데 그러면 너도 바람 쐬고 하면은 좀 낫지 않겠냐 해서 중고차를, 중고차를. 사주신 건 아니고 아니 사주시려고 했는데 남동생이 이제 알아봐주겠다고 하면서 (……) 이렇게 해서 제 거가 된 거에요. 제 게 된 게…… 제 게 된 지 하루 만에 남동생이 좀 타면 안 되겠냐고 하는 거에요. 그러니까 걔네 차가 있는데 올케가 타야 하니까 애랑 타야 하니까 잠깐 타겠대요. (……) 그래서 아 맘대로 해라. 그랬더니 타다가 어느 순간 팔아버렸대요. 근데 그 판 것도 저한테 얘기를 해준 게 아니고. (웃음) 저는 이제 엄마랑 걔랑 둘이서 대화를 하는 거를 듣고. 어 뭔가 좀 이상하다?고 느껴서 나중에 엄마한테 물어보니까 아 그걸 판 게 맞대요. 그래서 아…… 그러냐…… 근데 왜 어쨌든…… 내 차라고 해서 들고 온 건데 왜 나한테 상의도 없이…… 그런 선택을 했는지 이해가 안 간다. 나는 왜 항상…… 나랑 상의 없이 다 결정을 하냐. 이렇게 하니까 엄마가 뭐 (웃음) 엄마가 뭐 나중에 여유 되면 다시 사주면 되잖아. 이런 식인 거에요

항상. 그러니까. 네…… 그런 거죠. (재림)

그 외에도 재림의 허락 없이 가족들이 집에 방문한 다른 손님에게 그녀의 물건을 주는 일도 빈번하게 일어난다. 재림의 물건은 재림의 것이 아니라 가족의 것이고, 따라서 자신이 임의로 처분할 수 있다고 여기는 것이다. 재림은 언제나 물건이 사라지고 난 뒤에야 그 사실을 알게 되었다. "친구들이 준 선물들"이나 "소장용으로 사놓은 피규어" 등을 가족들이 가져가는 게 싫어 문을 잠그고 싶지만 그렇게 하면 가족들이 더욱더 "이상한 애 취급"을 할 것이 분명해 재림은 물건을 숨겨두는 것으로 만족할 수밖에 없었다.

제 물건을 당연하게 가져가니까. 물건을 당연하게 가져가니까 그런 것도…… 솔직히…… [누가 가져가요?] 조카, 조카가 가져가요. 근데 솔직히 그거는 조카는 어리니까 뭐 욕심이 날 수는 있잖아요? 애기니까? 근데 엄마가 당연하게 아 그거 재림이 건데 그냥 가져가, 이런 식이고 올케도 당연하게 그냥 가져가요. 저의 허락을 받지도 않고. (……) 문 잠그면 왜 문 잠가놓냐부터 시작해서…… [계속 똑같이 대답하면 어떻게 돼요?] 화낼 거 같아요. 아니면 뭐 저를 이상한 애 취급하겠죠? 집에 있으면서 문을 왜 잠가? 약간 이상한 애다, 이런 식일 거 같아요 왠지. [안 잠가봤어요?] 잠가보기도 했어요. 그런데 벌컥벌컥 덜컥덜컥 이러면서. 문을 왜 잠가? 이런 식으로. 창

문으로 이렇게 쓱 열고. 제 방이 베란다랑 붙어 있으니까 열
수 있거든요. (재림)

경제적 지원 역시 재림을 비켜간다. 재림은 고등학교를
졸업한 이후 줄곧 자신의 힘으로 살아왔지만, 남동생은 달랐
다. 남동생이 저지른 금전적인 사고들을 포함해 결혼조차도
부모님의 돈으로 진행했고, 지금도 주택 대출금, 부족한 생활
비, 자녀의 학원비까지 어머니가 감당하고 있다. 재림은 최근
에야 어머니가 그 모든 걸 지원하고 있다는 사실을 알게 되었
다. 그 후 집에 와 먹은 것도 치우지 않고 가버리는 남동생을
보며 "왜 뭐라고 하지 않느냐"고 어머니에게 말해봤지만 어머
니는 "누구든 치우면 되지"라며 대답을 회피해 재림은 답답함
을 느낀다.

그나마 지혜는 다른 여자 형제들이 있어 부모의 성차별
에서 기인하는 심리적 스트레스에 대해 서로 이야기를 나누
지만, 혼자인 재림은 자신의 의견을 무시하는 것을 넘어 애초
에 의사를 물어야 할 필요조차 느끼지 못하는 가족들과 거리
를 두는 것 외에는 달리 할 수 있는 일이 존재하지 않는다. 재
림이 이러한 상황에 대해 문제를 제기해도 가족들은 이를 이
해하기보다 오히려 그녀의 성격을 문제삼으면서 비난한다.
"성격이 저래서 결혼하겠냐"는 걱정은 일부에 불과하다. "그
집에 돈이 많고 그러니까 생각 좀 해봐라"라며 20대 중반인
재림에게 일방적으로 40대 남성을 소개한 친척도 있었다. 재

림은 당연히 이를 거부했는데, 이에 대해서도 두고두고 가족들에게 뒷말을 들어야 했다.

한편, 가부장적 가족구조 아래에서 폭력은 아버지에게 가부장의 권위를 위임받은 아들에 의해서 자행되기도 한다. 재림은 유년 시절 아버지뿐만 아니라 남자 형제에게서도 '기분을 상하게 했다는 이유로' 종종 폭행을 당했지만, 부모는 남자 형제를 제지하지 않았다. 그저 말로 나무랐을 뿐이다. 지혜 역시 남자 형제에게 성폭력을 당했지만 "혹시라도 엄마가 옹호할까" 두려워 부모에게 성폭력 피해를 말하지 못했다.

부모나 남자 형제에 의한 강압적 통제의 기억은 지속적으로 가해자를 마주하게 되는 상황 속에서 잊히지 않고 재생산되며 또 다른 위협을 낳는다. 폭력을 훈육의 수단으로 활용해온 부모는 신체적 폭력을 차별과 언어폭력으로 변주하면서 자녀에 대한 권력을 유지하고, 성인이 된 청년여성들에게 가족을 돌보고 헌신하는 '딸' 역할의 수행을 당연하게 요구한다. 가해자 지위에서 비켜나 스스로를 방관자로 위치시킨 어머니 역시 이러한 가족각본에 순응하면서 딸이 자신의 몫을 분담해주기를 기대한다. 이러한 관계 아래 놓인 청년여성들에게 가족은 결국 삶을 위협하는 위험 그 자체로 자리잡는다.

2장

돌봄위험

가부장적 가족이 착취하는 '딸'의 시간

성차별적으로 분배되는 돌봄노동

남아선호사상이 강한 친족구조 속에서 돌봄노동은 당사자의 의사와 관계없이 딸들에게 분배된다. 우선 돌봄노동의 가장 큰 부분을 차지하는 가사노동은 자연스럽게 여성의 몫이 된다. 재림과 지혜의 이야기에서 부모는 아들에게는 요구하지 않는 청소나 식사 준비를 딸들에게만 요청한다. '아들은 괜찮지만 딸은 괜찮지 않다'고 여기는 부모에게 성차별에 대한 호소는 닿지 않는다. 오히려 어머니는 딸이 자신의 시간을 남편을 위해, 아들을 위해, 가족을 위해 사용하기를 기대한다. 식사 준비를 비롯한 가사노동을 자연스럽게 요구하는 이유도 그 때문이다.

이런 상황에서 가족 중 누군가 아프기라도 하면, 취업을 준비하고 있는 청년여성의 시간은 자연스럽게 가족의 시간으로 배치된다. 재림과 지혜는 아직 구직활동을 하고 있는 '자유로운 몸'이라는 점으로 인해 가족 내 돌봄 제공자로 낙점되었다. 물론 동일한 상황의 남자 형제들은 전혀 돌봄노동의 부담을 지지 않았다. 이러한 사실은 재림과 지혜가 취업 준비생이기 때문이 아니라 여성이기 때문에 돌봄을 전담하게 되었음을 의미한다.

언니와 함께 조부모의 간병을 분담했던 지혜는 갑작스러운 간병의 공백 상황에서 가족들이 자신의 시간을 마음대로 배치하는 게 특히 힘들었다고 말했다. 할머니와 할아버지 둘 모두 간병이 필요한 상황에서 발생하는 돌발상황은 지혜가 개인적인 시간을 사용하지 못하도록 만들었으며, 취업 준비뿐만 아니라 잠깐의 외출도 어려운 상황이 반복되었다. 자신의 스케줄을 가족들에게 미리 공유해도 소용이 없었다. 친구와 만나는 와중에도 가족들은 지혜에게 전화를 걸어 이런 상황에 약속을 잡은 지혜를 비난하면서 어떤 약을 먹어야 하는지, 약이 어디에 있는지 등을 물었고 심지어는 집으로 돌아오라는 요구를 하기도 했다. 결국 지혜는 오랜만에 나선 약속을 일찍 정리하고 집으로 귀가했다.

이제 한 한 시간 정도 있다가 가봐야 될 거 같다고 미안하다고 하고 일찍 귀가를 했어요. 아빠가 너무 태연하게 컴퓨터를 하면서 있는 거에요. 그러니까 엄마는 자고 있고 아빠는 너무 태연하게 거실에서 컴퓨터를 하고 있는데 화가 너무 많이 나는 거에요. 근데 그냥 말한다고 바뀔 거 같지도 않고 그냥 진짜 꼴 보기가 싫은 거에요. 그게 최근에 가장 화났던 거 같아요. 그런 일이 있고 나서 아빠는 약간 본인 일이 아닌 것처럼…… 그러고 언니들이랑 저랑 막 셋이서 발 동동 구르면서 바톤 터치하면서 그러고 있고. (지혜)

돌봄노동자의 시간은 이처럼 손쉽게 가족의 시간으로 치환된다. 지혜와는 달리 홀로 모든 간병을 도맡아야 했던 재림은 대소변을 받아내고, 잠을 잘 때도 몸을 움직이고 싶어 하는 할머니의 요구에 응답하는 간병 그 자체보다도 무엇보다 괴로웠던 건 가족들의 태도였다고 언급했다. "간병이 뭐가 힘드냐"는 몰이해와 더불어 주말조차도 교대해주지 않는 가족들로 인해 재림은 쉬는 날도 없이 할머니를 간병해야 했다. 할머니가 퇴원을 하면서 문제는 더 심각해졌는데, 병원에서는 고모와 함께 할머니를 간병할 수 있었지만, 재림의 집으로 그 장소가 이동하면서 재림이 스물네 시간 할머니를 케어해야 하는 상황이 된 것이다. 가족들은 재림의 노고를 축소하면서 간병에 대해 어떠한 도움도 제공하지 않았고, 오히려 집에 있다는 이유로 집안일을 해주기를 기대했다. 결국 재림은 평일뿐만 아니라 주말에도 집안일까지 하면서 할머니를 돌봐야 했는데, 그러한 노동의 대가는 "아이고 효녀다"라며 친척들이 주는 용돈 "10만 원"이 전부였다. 이후 그녀는 요통과 우울증을 얻게 되었지만, 가족들은 이 또한 무시했다. 가족들에게 재림은 집에 함께 거주하는 스물네 시간의 무급 자원봉사자였던 셈이다.

자취를 했는데 스물네 살에 할머니께서 넘어지셔가지고 대퇴골이 골절이 되신 거에요. 그래서 거동이 전혀 불가능하셔가지고. 그때는 제가 쉬고 있을 때고 해서, 당연히 뭔가 간병을 제가 맡게 된 거에요. 고모랑 같이, 큰고모랑 같이 간병을 맡게 됐는데 그때가 정말 우울의 클라이맥스를 찍은 거 같아요. (……) 저는 일단은 병원에 있는 것도 조금 힘든 것도 있었고. 그리고 거동이 불편하시다 보니까 대소변을 제가 다 받아내야 되고…… 그리고 할머니께서 허리 수술…… 할머니도 되게 어떻게 보면 되게 불쌍한 인생을 사셨어요. (울음) 눈물이 날 거 같은데. 할머니도 되게…… 할아버지한테 맞고 사셔가지고, 맞아서 허리 수술을 하셨거든요. 그래서 그거 때문에 가만히 있는 게 너무 불편하신가 봐요. 그래서 계속 자세 이동을, 변화를 드려야 하니까…… 잠을 정말 못 잤어요. 정말 쪽잠을 자고…… 한 십 분 정도 자면서 계속 [자세] 바꿔드리고 이러다 보니까. 육체적으로 되게 힘들었는데…… 가족들은 그런 걸 이해를 못해주는 거에요. 그냥, 간병이 뭐가 힘드냐, 그런 식이고. 솔직히 저는…… 주말에 가족들이 쉬면, 평일엔 제가 보더라도 주말 동안에는 잠깐 저를 쉬게 해줬으면 좋겠는데 그런 게 없는 거에요. 그것도 그렇고. 이제 병원에서 퇴원을 하라고 해서 퇴원을 하고 집에 왔어요. 집에 오면서 저도 본가에 들어오게 됐는데. 어……본가에 들어와서도 똑같았어요. 제가 계속 거의 스물네 시간 계속 붙어 있었는데, 근데 이제 본가에 들어오면서 더 힘들었던 게, 당연히 집에 있으면서 간병을 하는데도 집에 있으니까 집안일까지 하게 되는 거에요. (……) 간병을 할 때도, 뭐 배달을 시켜 먹거나 할 때도 식탁 세팅부터 배달 음식을 까고 한 모든 것들이 저의 몫이 되는 거에요. 당연히 저한테 시키고…… 뭔가…… 그런 사소한 것들이 당연히 간병을 하면 힘들 거를 이해를 해주고 그런 것들은 좀 했으면 좋겠는데 아예 아무것도 안 하니까. 그리고 병원에 있으면서 제가 이제 할머니가 저보다 체중이 더 많이 나가셨거든요. 근데 이제 들고 하다 보니까 저도 어깨에 무리가 많이 가서 물리치료를 받는 상황이었어요. 근데…… 이제 가족들이 같이 있을 때는 도와줄 수도 있는 거잖아요. 근데 너가 해봤으니까 더 잘하겠지. (웃음) 그런 게 없었어요. 그래서 그거에 되게 힘들었던 거 같아요. (재림)

재림과 지혜는 돌봄노동 자체의 고됨뿐만 아니라 돌봄노동을 무가치한 것으로 인식하며 자신의 시간을 가족의 시간으로 쉽게 환원하는 부모 및 다른 가족구성원들의 태도에 큰 스트레스를 받았다. 이러한 경향은 가족돌봄청년에 대한 다른 연구에서도 관찰된다. 가족에게 돌봄을 제공하고 있는 20대 청년 일곱 명을 대상으로 심층면접을 통해 이들의 경험을 분석한 연구에 따르면 이들은 돌봄을 홀로 전담하는 상황에서 느끼는 끝없는 막막함을 참아내면서 돌봄노동을 견디고 있다.[1] 취업 준비에 집중해야 하는 상황에서 기약없이 지속되는 돌봄 부담은 가족돌봄청년 네 명을 대상으로 시간사용일지와 심층면접을 진행한 연구에서도 동일하게 관찰되었다.[2] 해당 연구들은 가족돌봄청년의 젠더적 측면에 대해서는 주목하지 않았으나 이 연구들의 참여자들이 사실상 모두 여성이라는 점은 돌봄의 책임이 사회 및 가족의 가부장적 질서에 따라 여성에게만 분배되고 있음을 드러낸다.

미래에 자리할 돌봄노동에 대한 두려움

가족돌봄청년의 문제는 국가의 복지 공백뿐만 아니라 가부장적 친족구조의 문제점을 고스란히 드러낸다. 특히 재림은 조부모의 사망과 함께 돌봄노동이 종료된 상황에서도 여전히 돌봄위험에 대해 두려움을 가지고 있었는데, 언젠가 부모의 간병 또한 맡아야 할 수 있다는 가능성 때문이었다. '내가 지금 시어머니를 돌봐야 네가 나를 돌보지 않겠냐'는 어머니의 말은 재림에게 또 다른 두려움으로 자리잡게 된다. '내가 지금 시어머니를 돌봐야'라는 말은 시어머니 간병을 손녀인 재림이 수행했다는 점에서 사실과 배치되지만, 가부장적 가족구조에서 재림의 노고는 간단하게 어머니의 성과로 치환된다. 딸을 잘 키운 어머니의 능력으로 인식되는 것이다. 여기에 더해 며느리에게 가부장적 시어머니는 되고 싶지 않은 어머니의 욕망 속에서 며느리인 자신의 의무는 며느리가 아닌 딸에게로 이전된다. 더 이상 며느리에게 시부모 간병을 요구할 수 없는 사회 분위기 속에서 딸이 그러한 의무의 수신자로 재위치되는 것이다. 이러한 상황은 단순히 자원의 성차별적 분배를 넘어서 재림이 미래에 대에 대해 느끼는 현실적인 두려움으로 각인된다. 부모로부터의 경제적 지원은 재림이 포기하면 그만인 일이지만, 돌봄노동에 대한 요구는 재림의 생활과 미래를 위협하는 실체적 사건으로 의미화되기 때문이다.

저는 할머니를 간병하면서 간병을 좀 꽤 오래 했거든요. 6개월 이상을 했어요. 지금은 돌아가셨고. 아무튼 그런데, 그러니까 엄마가 당연하게 '아 그래도 내가 뭐 그 간병을 할 때 내가 그래도 뭐 시어머니 이렇게 모시고 해야 너도 나중에 배워가지고 엄마 아플 때 간병을 하지 않겠냐' 이런 식으로 얘기를 하는 거에요. 당연히 엄마 아빠가 아프면 그 간병은 제 몫이 되는 것처럼 얘기를 하시는 거에요. 저는 생활비랑 그런 거를 다 떠나서 그거에 있어서 너무 무서워요. 그런 요구를 하실까봐. 오히려 그…… 뭐 금전적인 거나 그런 서포트는 동생이 거의 다 받았는데, 왜 그런 걸 저한테 기대를 하시

는지 모르겠어요. (재림)

이처럼 청년여성을 돌봄 제공자로 위치시키는 부모의 가부장적이고 성차별적인 태도는 조부모 간병이 종료된 이후에도 이들의 삶에서 지속되며 자신들에게도 돌봄을 제공할 의무가 딸에게 있음을 지속적으로 상기시킨다. 조부모 간병의 경험은 근미래에 도래할 부모의 간병 가능성과 겹쳐지면서 두려움을 야기한다. 여성이라는 이유로 자연스럽게 할당되는 돌봄노동은 가부장적 가족구조 속에서 이들을 '딸'이라는 위치에 매어둠으로써 삶의 위협을 가중한다.

K-장녀라는 굴레

그럼에도 불구하고 청년여성들이 자신의 가족을 벗어나지 못하는 이유는 '어머니'라는 단어로 요약될 수 있다. 흔히 딸들은 어머니의 부재에 대비해 어머니와 함께 가족을 돌보는 사람이자, 어머니를 포함한 여타 가족구성원의 정서적 지지자로 위치 지어진다. 돌봄노동은 다른 노동과는 달리 상대의 반응(감정)을 읽어내는 것에서 시작한다는 점을 감안할 때, 가족돌봄 역시 감정관리자로서 여성의 역할에 대한 인식을 기반으로 한다. 가부장적 가족구조는 감정관리라는 역할을 성별화하여 여성에게 하나의 의무를 부여한다.

여성에게 존재한다고 여겨지는 '관계 지향성'은 가족 내에서 자신의 의견과 관계없이 어머니나 다른 가족구성원의 기대로 인해 강제되곤 하는데, 이 점은 여성들에게 심리적인 압박을 야기하는 기제가 된다.[3] 한때 여성들 사이에서 유행어처럼 떠돌았던 'K-장녀'라는 말은 청년여성이 가족의 '감정 쓰레기통'으로 기능하면서 자기돌봄에 취약해지는 상황을 포착한다. '현관문 옆 방은 K-장녀의 방이다'라는 누군가의 트윗에 수많은 여성이 공감한 까닭은 "가족의 중재자이자 가족 대소사에 과도한 책임을 느끼는 K-장녀의 역할을 상징적으로 보여준다".[4]

청년여성들이 느끼는 정서적 지지 역할에 대한 책임감은 가부장적 가족이 고통을 야기함에도 불구하고 가족으로부터 탈출할 수 없도록 만든다. 앞서 아들을 우선하는 부모로 인해 살면서 지속적으로 스트레스를 받아온 재림의 사례에서, 그녀는 어머니가 자신보다 오빠를 더 좋아한다는 사실을 알고는 있지만, "인연을 끊으면 엄마가 더 힘들어질 것 같아"서 독립을 꺼리고 있었다. 전문대를 졸업한 후 임금노동을 시작하면서 자취했을 당시를 생각하면 당장이라도 집을 나가고 싶지만 독립할 경우 지금껏 부담해온 가사노동이 오롯이 어머니에게 전가될 것이기에 쉽사리 독립을 선택하지 못한다.

일단 독립을 얘기를 꾸준히 하고 있기는 한데. 엄마가 너무 반대를 하고. 그래도 나갈 생각이긴 해요. 근데 걱정인 거는

제가 나가면…… 그 제가 분담해서 했던 것까지 엄마 몫이
돼버리니까. 그런 게 살짝…… 음…… 그런 거에 있어서 굉
장히 조금 나가고 싶으면서도, 걱정이 되고. 약간 그런 게 있
어요. (재림)

생계부양에 대한 책임을 홀로 부담하면서 남편의 폭력
까지 감내해온 어머니를 둔 열음 또한 마찬가지다. 열음은 아
버지의 폭력에서 벗어나지 못한 상황을 되짚으면 되짚을수록
어머니에 대한 원망이 커지지만, 그와 동시에 "엄마는 불쌍한
사람"이라는 생각에서 벗어나지 못해 아버지에게 대항했던
스스로의 행동을 "패륜"으로 의미화했다. 과거 열음은 아버지
의 지나친 폭력을 견디지 못한 나머지 아버지와 물리적 충돌
을 빚은 바 있었다. 사건 이후 가족들과의 사이가 서먹해진 열
음은 이 모든 걸 자신의 잘못으로 설명했다. 정당방위를 왜 패
륜이라고 생각하느냐는 나의 질문에 열음은 "아빠한테 그렇
게 하는 사실 자체"가 "가해한 것처럼 보이는" 상황에서 자신
이 왜 그렇게까지 했는지 생각하다 보면 결국 자신을 보호하
지 못한 어머니의 잘못으로 귀결되는데, 그런 생각이 싫어 자
신의 잘못으로 축소하고 싶어 하는 것 같다고 대답했다.

[이게 왜 열음 씨 때문인 거 같아요?] 제가 사실 그 생각을 정말 안
하려고 노력을 많이 했어요. 저는…… 제 패륜이 패륜이 아
니라고 항상 생각을 해왔고, 엄마나 뭐 동생한테도 나는 피

해자로서 당당하게 반격을 한 것뿐이고 절대 이런 우리 가족이 이렇게 된 거에 대해서 나의 책임은 전혀 없고, 무조건 아빠가 잘못한 거다. 이걸로 항상 유지를 하고 살아왔었는데, 어…… 그냥 그렇게 생각을 하면서도 이상하게 막 그런 생각이 떨쳐지지가 않아요. 내가 그때 만약에 그냥…… 그렇게까지 하지 않고, 신사적으로 연을 끊거나 아니면 나가서 독립을 정말 이 악물고 준비해서 나가보든가 아니면은 뭐 다른 방법으로 아빠와 뭐 아무튼 다른 방법을 하거나 이랬으면은 이렇게까지 우리 가족이 이렇게 고통스럽지 않지 않을까 이 생각이 자꾸 드는 제가 저도 싫고. 음…… 엄마 같은 경우도 이혼을 어쨌거나 못하고 사신 거잖아요. 그런 일이 있을 때까지? 그래서 저는 이제 제 엄마를 되게 존경하고, 엄마를 되게 연민하고 살아와서 몰랐어요. 그냥 무조건 엄마는 피해자다, 엄마는 정말…… 불쌍한 사람이다, 라는 생각만 계속하고 살다가 어느 순간부터는 엄마도 조금 미워지는 거에요. 내가 그렇게까지, 그렇게…… 그런 일을 벌일 때까지 엄마가 아빠와의 관계에 대해서 좀 무책임한 게 아니었나. 이 생각이 어느 순간부터 조금 들더니 그렇게 생각하는 저조차도 조금 짜증 나는 거죠. 그래서 자꾸 화살이 저한테 가는 게 편하고 일단 표면적으로 봤을 때는 제가 물론 오랜 기간 동안 맞으면서 컸지만 어쨌거나 이제 가족…… 그러니까 뭐 서류상 가족…… 아빠한테 그렇게 하는 사실 자체는 어쨌거나 제가 가해한 것처럼 보이잖아요? 그 상황 자체가. 그래서 좀 괴로운 거 같아요. 지금…… 저희 가족이 굉장히 형태를 잃어 버리고 동생도 지금 굉장히 원망하고 그런 상황인데 좀 그래요, 약간. 죄책감을 갖기 싫은데 죄책감이라고 말은 못 하겠는 이상한 감정이 자꾸 저를 괴롭히고. 후회하기 싫은데 약간 후회가 되려고 하고 좀 이래요. 그래서 정말 죽고 싶어요. 하……. (열음)

'어머니는 불쌍한 사람'이라는 인식 속에서, 청년여성들은 어머니의 위험을 자신의 위험으로 인식한다. 아버지와 이혼 후 홀로 자신을 키워온 어머니가 대단하다고 생각하는 하경은 어머니의 감정적 호소를 들을 때마다 어머니의 노후를 결국 홀로 책임지게 될 거라는 두려움을 느낀다. 자신의 상황 조차도 감당하기 어려운 현실에서 하경은 "엄마가 가지고 있는 부정적인 생각은 알고 싶지 않"지만 쉽사리 거부하기도 어렵다. 자신의 노후를 걱정하지 말라는 어머니의 당부에도 불구하고 하경은 그것이 자신의 몫이라 생각한다.

엄마도 이제 걱정이 되는 거에요. 엄마도 노후 대비도 안 됐는데? 이제 지금 만나시는 분도 부유한 분이 아니셔서 그냥 돈 말고 사랑해서 만나신 거라 어…… 그것도 준비가 안 됐는데 너가 결혼을 한다고 하니 지원을 해줘야겠는데 아무리 엄마도 노력을 해도 그게 안 나오니까. 그리고 항상 음…… 언제부턴지 모르겠는데 언니랑 저랑 그 역할이. 이것도 약간 프레임이지만 언니보다 제가 더 책임을 지려고 했던 거 같아요. 그래서 그게 너무 두려워요. 저는 제가 성공을 할 수 있을까? 그리고 성공을 못 하더라도 엄마가 과연 노후 대비를 잘 하실 수 있을까? 이런…… 걱정…… 그냥 피하고 싶었던 거 같아요. [어머니 노후를 하경 씨가 책임져야 할 거라고 생각해요?] 제가 솔직히 백 퍼센트는 아니지만 이제 조금이라도 챙겨는 드려야 되지 않을까 싶어요. (하경)

최후의 보루이자 기폭제, 어머니

이들에게 있어서 어머니의 존재는 자살시도를 막는 보루이면서 동시에 자살충동을 증폭하는 역할을 한다. 가부장적 가족구조 안에서 같은 여성으로서 어머니가 경험한 폭력에 대한 공감과 걱정은 이들이 자살을 시도하지 못하도록 만들지만, 동시에 이들의 자살생각을 유발한 가부장적 가족구조 내에 머무르는 어머니의 존재는 청년여성이 가족 외부로 탈출하지 못하도록 막음으로써 지속적인 마찰을 야기한다. 청년여성들은 어머니에게 자신의 감정을 털어놓으며 아버지나 남자 형제의 폭력에 대해 위로받고 싶어 하지만, 어머니는 가부장의 아내 역할에 치중하여 "언제까지 과거에 갇혀 있을 거야"(정서)라거나 "애가 왜 그렇게 꽁하냐. 훌훌 털어야지"(재림)라는 말로 이들의 고통을 이들의 성격이나 책임의 문제로 개인화하면서 딸들을 가부장적 구조 내에 잔존하게 한다. "차라리 내가 고아였으면 진짜 쉽게 죽을 수 있을 텐데"라는 정서의 말은 이기적인 게 아니라 자신의 자살생각이 어디에서 비롯되었고 왜 지속되고 있는지를 꿰뚫어보고 있음을 시사한다.

엄마한테 그때도 심한 말 했던 적 있어요. 엄마…… 나 자해하는 것도 모르잖아. 막 이러면서…… 음…… 엄마도 그때 가만히 있었으니까 똑같이 가해자야. 그렇게 했어요. 근데 후회돼요. 그런데 그런 말 했었어요. 그랬더니 엄마가 몰라요. 대답은 기억이 안 나요. 제가 한 말만. (웃음) 그냥 되게할 말을 하고 싶었고 꾹 참고 있었던 거니까 내 말만 했던 거 같아요. 기억이 안 나요. (웃음) 엄마는 그냥 미안하다고만 하고, 또 언제까지 과거에만 갇혀 있을 거야, 그렇게 말하고. (정서)

예전에 했던 말을 제가 막…… 솔직히 저도 잊고 살다가 쌓이다 보면 어쩔 수 없잖아요. 그래서 얘기를 하면 그거를 아직까지 속에 품고 있냐. 애가 왜 그렇게 꽁하냐. 훌훌 털어야지. 왜 그러냐 이런 식이고. 너가 성격을 고쳐야지, 뭐 이런 식이고. 아빠는 원래 성격이 그래. 너가 성격을 고쳐. 약간 이런 식. 이런 식이니까. (재림)

가부장적 가족구조 내에서 가족들로 인해 야기된 자살생각은 이들이 공감하고 의지하는 어머니가 아버지와 분리되지 않는 한 지속되며 강화된다. 어머니는 권력을 지닌 아버지와 충돌하기보다는 평화적인(?) 방법으로 가족 내 질서를 유지하고자 한다. 이를 위한 가장 손쉬운 방법은 지금의 상황을 그대로 두는 것이다. 딸로 하여금 지금까지 수행해온 가족규범을 준수하게 만들고 그녀의 고통을 인정하지 않음으로써 균열의 존재를 지워내는 것이다. 여기에서 나아가 어머니들은 자신을 이해할 수 있는 딸들에게 자신의 어려움을 털어놓으면서 자연스럽게 가부장적 질서에 순응하도록 유도한다. 이러한 악순환 속에서 청년여성의 자살생각은 가족 안에서 조절되기는커녕 증폭되면서 강화된다.

2부

홀로서기를 가로막는
노동위험

3장

노동불안정
미래 없는 노동

무엇이 독립을 가로막는가

가족으로부터 기인한 위험들은 가족으로부터의 '탈출', 즉 경제 및 주거독립을 통해 완화될 수 있다. 경제적 독립은 경제적 자원을 기반으로 하는 가부장의 권력에서 벗어나게 하는 동시에 주거독립을 통해 딸이라는 가족 내 지위에 요구되는 정서적 역할이나 돌봄노동을 차단할 수 있게 한다. 이처럼 경제적 안정을 기반으로 하는 주거독립은 여성을 성인으로 인정하지 않는 가부장적 가족에서 벗어나 독립적인 주체로 발돋움하는 첫 단계가 될 수 있다.

그러나 이번 장에서 살펴볼 청년여성의 불안정한 노동 현실은 어렵게 이룬 독립을 위태롭게 만들거나 애초에 독립의 가능성 자체를 축소하기도 한다. 청년세대가 마주한 취업난뿐만 아니라 노동시장에서 여전히 발생하고 있는 성차별은 청년여성들의 노동불안정을 강화하는데, 이러한 상황의 배경에는 분절노동시장이라는 한국 노동시장의 특징이 자리한다. 분절노동시장이란 노동시장이 내부와 외부로 뚜렷하게 나뉘어 있는 상황을 지칭하는 것으로, 이때 내부노동시장은 대졸자를 대상으로 하는 신규 채용, 호봉제라는 연공적 임금체계, 내부 승진을 통한 인력 관리, 종신고용 등의 특성을 지니는 소위 (전통적인) 정규직 노동시장으로 구성된다. 우리가 흔히 '좋은 일자리'라고 일컫는 대기업 및 공기업의 대졸 정규직, 대기업 완성차 공장의 직접고용 생산 정규직 등이 바로 이 내부노동시장에 위치한다. 외부노동시장은 노동시장 진입과 퇴출이 빈번하게 발생하며 기업 간 이동을 통해 경력이 축적되고 연공급이 아닌 직능급의 적용을 받는다고 여겨지는 노동시장이다.[1] 즉, 고용이 불안정하며 이직이 활발하게 이루어지는 일자리들이 여기에 해당한다.

　노동시장에서의 성차별은 흔히 '유리천장'이 대표적으로 거론되지만, 유리천장이 뜻하는 여성의 승진 불이익은 사실상 중심부 노동시장에서 주로 발생하기에 일부 여성 노동자들의 상황에만 적합한 개념이다. 한 회사에 오랜 기간 머무르기 어려운 외부노동시장에서 승진은 불가능에 가까우며, 승진을 한다 하더라도 기업의 규모가 작은 곳이 대부분인 상황에서는 큰 의미가 없다. 실제로 외부노동시장에서의 승진은 임금인상 폭이 적은 상황에서 노동자의 불만을 달래기 위한 목적으로 수행되기도 한다. 또한 부서나 회사 내 남성 노동자가 존재하지 않는, 여성들이 다수 근무하는 일자리는 남성과의 비교 자체가 불가능해 유리천장이라는 개념이 적용되지도 않는다.

이처럼 중심부와 주변부로 분절된 한국 노동시장에서 더욱 문제가 되는 것은 여성 노동자들이 주변부 노동시장에 집중된다는 사실이다. 여성이 집중된 직종들은 특히 저임금화 현상이 두드러지게 나타난다. 일자리 내 여성의 비율은 임금수준을 낮추는 역할을 한다. 배치 차별로 명명되는 이러한 노동시장의 성차별은 불안정성의 성별화를 강화한다. 성별직종분리 경향은 과거에 비해 완화되기는 했지만 최근 들어 정체 및 악화되고 있으며,[2] 이러한 추세는 2000년대 이후 진행된 대기업의 계열사화와 영세 사업체의 증가 및 노동시장의 분열성 강화라는 구조적 변화를 고려했을 때 직업이 성별에 따라 분리되고 있음은 물론이고 사업체에 따라서도 분리되는 현상이 점점 더 강화되고 있다는 사실을 나타낸다.[3] 직종 내 여성 비율에 따라 임금이 낮아지는 경향에 더해 사업체의 규모 또한 저임금화 현상에 영향을 미친다는 것이다.[4] 여성은 (가족의 존재로 인해) 남성에 비해 일터에 헌신하지 못한다는 편견에 시달리고 이것이 여성들의 일에 대한 평가절하로 이어져 임금불평등이 초래된다.[5]

본 연구에 참여한 이들의 학력을 중심으로 살펴보면 중

〈표 1〉 청년여성들의 노동이력

분류	가명	최종학력	노동이력
여성 집중 저숙련 일자리	하경	고등학교 졸업	중견기업 무기계약직 경리사무원 → 카페 매니저 → 중소기업 경리사무원 → 퇴사
	겨레	전문대 중퇴	사무 보조원 → 콜센터 노동자 → 캐디 → 퇴사
	세라	전문대 졸업	대기업 계약직 경리사무원 → 중소기업 경리사무원 → 퇴사
	명신	전문대 졸업	방송국 파견 노동자 → 방송국 파견 노동자 → 방송국 파견 노동자
	소라	전문대 졸업	어린이집 보조교사 → 퇴사
IT 관련 일자리	재림	전문대 졸업	어린이집 교사 → 웹디자이너
	재윤	서울 소재 중위권 4년제 대학교 졸업	정규직 웹디자이너 → 계약직 웹디자이너 → 프리랜서 웹디자이너 → 정규직 웹디자이너(여섯 번의 이직) → 개발자 교육 중
	정서	유명 4년제 예술대학 중퇴 → 해외유학 중 귀국	개발자 교육 중
	은주	지방 4년제 대학교 졸업	개발자 → 개발자 → 개발자 → 개발자
대기업 및 공공부문 일자리	민준	서울 소재 중위권 4년제 대학교 재학	공무원 시험 준비
	지혜	수도권 소재 4년제 대학교 졸업	유통사 인턴 → 선별진료소 계약직 (공무원 시험 준비 병행)
	다윤	지방 4년제 간호학과 졸업	간호사 → 응급구조사 시험 준비
	윤미	서울 소재 중위권 4년제 대학교 졸업	공무원
	윤정	서울 소재 중위권 4년제 대학교 졸업	외국계 기업 정규직 → 외국계 기업 정규직
대학원	소현	지방 거점 4년제 국립대 졸업 후 대학원 진학 예정	없음
	가람	수도권 4년제 국립대 졸업 후 동 대학원 석사과정	없음
	해랑	지방 거점 4년제 국립대 졸업 후 대학원 박사과정	없음
기타	열음	유명 예술대학 재학	없음
	지원	지방 의과대학 재학	없음

주) 노동이력은 아르바이트를 제외함.

심부 및 주변부 노동시장의 젠더불평등의 복합성이 보다 명확하게 드러난다.[6] 우선 본 연구 참여자들의 노동이력을 정리한 〈표 1〉*에서 식별된 직업을 중심으로 고졸 및 초대졸 노동자들의 직업 성비와 임금현황을 살펴보면 〈표 2〉와 같다.** 해당 직종들 모두 성비가 0.5 이상으로, 여성집중직종임을 알 수 있다. '기타 여가서비스 종사원'의 경우 여성의 성비는 0.45로 남성의 비율이 더 높지만, 해당 비율은 확인할 수 있는 통계자료의 한계로 인해 다른 직업들이 포함된 여가서비스 종사자의 성비를 기재한 것이라 실제 해당 직업의 성비와는 차이가 있다. '캐디'의 경우 앞서 언급했듯 통계자료상 성비는 0.45로 나타나지만, 실제 현실에서 남성 캐디를 찾아보기 어려울 정도로 여성집중이 심한 직종이라는 점은 데이터의 한계를 드러낸다. 이러한 점을 고려할 때, 고졸 및 초대졸 학력을 지닌 참여자들의 모든 직업은 여성집중직종에 해당된다.

반면, 대졸자들의 상황은 다르다. 〈표 3〉 대졸 청년여성의 직업 성비 및 임금현황을 살펴보면, 몇몇 참여자들이 여성이 많은 직종에서 일하고 있지만 공무원, 의사, 개발자와 같이 남성들이 다수 근무하는 직종 또한 포함된 것으로 확인된다.

---

*   이 중 정서의 경우 4년제 유명 예술대학을 중퇴한 후 해외유학을 한 경험이 있어 고졸 및 초대졸이 아닌 대졸자 그룹으로 분류했다.

**   표준직업분류를 참고하여 참여자들이 언급한 일자리의 코드를 식별하였으며, 해당 코드를 참고하여 지역별 고용조사 자료와 임금직무정보시스템의 자료를 통해 노동자들의 직업 성비 및 임금현황을 재구성하였다.

〈표 2〉 고졸 및 초대졸 노동자들의 직업 성비 및 임금현황

식별된 직업명	직업명 (직종코드)	성비	임금 (연봉, 천 원)	여성임금 (연봉, 천 원)	참여자	비고
보육교사 (2472)	사회복지 관련 종사자 (247)	0.93	26,174	25,561	재림, 소라, 세라 (보육교사)	보건-사회복지 및 종교 관련직 (24)
경리사무원(3132) 회계사무원(3131)	회계 및 경리사무원 (313)	0.83	28,721	27,830	하경, 세라 (경리사무원)	
전산자료 입력원 및 사무 보조원 (3142)	비서 및 사무 보조원 (314)	0.75	25,905	25,760	겨레, 명신 (사무 보조원)	
고객상담 및 모니터요원 (3991)	고객상담 및 기타 사무원 (399)	0.73	26,251	26,146	겨레 (콜센터 노동자)	
미디어콘텐츠 디자이너 (2855)	디자이너 (285)	0.63	30,617	29,309	재림 (웹디자이너)	문화-예술-스포츠 전문가 및 관련직 (28)
웨이터 (4222)	식음료 서비스 종사자 (422)	0.62	24,269	23,947	하경 (카페 매니저)	조리 및 음식서비스직 (44)
기타 여가서비스 종사원 (4329)	여가서비스 종사자 (432)	0.45	27,108	26,539	겨레 (캐디)	운송 및 여가서비스직 (43)

주1) 임금의 경우 청년세대인 것을 감안하여 하위 25%의 급여를 기재함.
주2) 직종코드로 임금을 확인할 수 없는 경우 상위 코드의 임금을 기재함. 예를 들어, 디자이너 (285)의 경우, 임금직무 정보시스템에서 정확한 급여를 확인할 수 없어 상위 범주인 '문화-예술-스포츠 전문가 및 관련직'의 임금을 기재하였음.
자료: 지역별 고용조사(2022)와 임금직무 정보시스템을 재구성하였음.

이들 직종은 개발자나 의사와 같이 급여가 높거나 공무원처럼 평생고용이 보장된 일자리들이다. 또한 여성이 많이 종사하는 일자리라 하더라도 노동조건에 있어서 앞서 제시된 직업들과 확연한 차이를 지닌다. 간호사와 응급구조사, 보육교

〈표 3〉 대졸 청년여성의 직업 성비 및 임금현황

식별된 직업명	직업명 (직종코드)	성비	임금 (연봉, 천 원)	여성임금 (연봉, 천 원)	참여자	비고
간호사 (2430)	간호사 (243)	0.93	26,174	25,561	다윤 (간호사)	사회복지 및 종교 관련직 (24)
응급구조사 (2461)	보건 의료 관련 종사자 (246)	0.90			다윤 (응급구조사 지망)	
회계사무원 (3131)	회계 및 경리사무원 (313)	0.83	28,721	27,830	윤정 (외국계 기업 회계사무)	
미디어콘텐츠 디자이너 (2855)	디자이너 (285)	0.63	30,617	29,309	재윤 (웹디자이너)	문화-예술- 스포츠 전문가 및 관련직 (28)
정부 행정사무원 (3114)	행정사무원 (311)	0.50	21,249		윤미 (9급 공무원), 민준, 지혜 (9급 공무원 지망)	9급 1호봉 기준
전문의사 (2411)	의료진료전문가 (241)	0.26	-		지원	통계 없음
정보시스템 운영자 (2441)	정보시스템 및 웹 운영자 (224)	0.25	38,375	33,047	은주 (개발자) 정서, 재윤 (개발자 지망)	정보통신 전문가 및 기술직 (22)

주1) 임금의 경우 청년세대인 것을 감안하여 하위 25%의 급여를 기재함.
주2) 직종코드로 임금을 확인할 수 없는 경우 상위 코드의 임금을 기재함. 예를 들어, 디자이너
(285)의 경우, 임금직무 정보시스템에서 정확한 급여를 확인할 수 없어 상위 범주인 '문화-
예술-스포츠 전문가 및 관련직'의 임금을 기재하였음.
자료: 지역별 고용조사(2022)와 임금직무 정보시스템을 재구성하였음.

사 모두 해당 직종의 상위 범주인 보건-사회복지 및 종교 관
련직의 임금이기에 해당 표에서는 동일한 수준으로 나타나
지만, 실제 현실에서 간호사는 면허가 필요하다는 점으로 인
해 전문직으로 인식된다. 간호사의 급여가 낮다는 인식이 팽

배하기는 하지만 이는 여타 전문직과 비교했을 때 여성집중 직종인 간호사의 일에 대한 가치절하라는 문제의식을 나타내며, 간호사는 보육교사와 유사성을 찾기 힘들 정도로 좋은 일자리로 여겨진다. 고졸 및 초대졸 참여자들의 직업으로도 확인되는 웹디자이너를 제외하면, 간호사와 회계사무원은 보육교사나 경리사무원의 노동현실과 차이를 지닌다.

이처럼 4년제 대학 졸업장 여부는 노동안정성에 일정 부분 영향을 미친다. 따라서 이어지는 내용에서는 4년제 대학 졸업 여부를 기준으로 하는 두 집단을 통해 노동불안정성을 탐색해보고자 한다. 청년여성들이 처한 노동불안정성은 노동위험을 초래한다. 불안정한 노동은 가족 바깥의 생활을 애초부터 불가능하게 하거나, 일시적 독립을 이루더라도 경제적 불안정으로 인해 결국 가족 내로 회귀하게 될 가능성을 높인다. 노동위험에 처한 청년여성들은 자신이 언제까지 '1인 가구' 생활을 유지할 수 있을지 확신하지 못하며, 언젠가는 (원하지 않더라도) 가족에게 의존해야 할지 모른다는 두려움을 갖게 된다. 또한 불안정한 노동은 노후가 대비되지 않은 부모에게 추후 자신이 경제적 지원을 제공할 수 없을 것이라는 불안까지 가중시키면서 생애불안정성을 더욱 강화한다.

비자발적 이직이 만연한 여성집중 저숙련(?)* 일자리

비대졸 여성들이 일하는 직종은 대체로 여성이 압도적으로 많은 여성집중직종으로, 성별에 따른 임금차이가 크지 않고 연봉이 3000만 원 이하로 형성되어 있다. 그중에서도 여성의 성비가 가장 높은 '보육교사'는 많은 연구 참여자들이 경험한 직종이지만, 높은 노동강도와 사회적 인식으로 인해 인터뷰 당시 보육교사로 일하고 있던 참여자는 존재하지 않았다. 관련 학과를 졸업해 보조교사로 일한 바 있는 소라는 '낮은 임금에 높은 강도의 일'을 해야 한다는 점, 전체 노동 과정이 녹화된다는 점이 부담으로 다가와 정규 보육교사가 되기를 선택하지 않았다고 밝혔다.

음…… 일단…… 일을 해봤는데. 제 성향과 맞지 않는다는 걸 느껴가지고. 너무 일단 신경 쓸 게 너무 많고. 물론 신경을

---

* 남성중심적 노동시장 내에서 숙련은 여성노동의 평가절하를 정당화하는 개념적 도구로 활용된다. 여성들의 노동은 저숙련 노동으로 간주되어 저임금의 정당한 사유로 인식되지만, 실제 노동현장에서 여성들이 주로 하는 일은 저숙련이라기보다는 '여성'이 한다는 이유로 인해 손쉽게 저숙련으로 치부된다. 예를 들어, 콜센터 노동은 대표적인 저숙련 일자리로 여겨지지만, 실제 참여관찰을 수행하며 해당 일자리를 경험한 연구자에 따르면 이 노동에도 '숙련'은 존재한다. 남성중심적 노동시장에서 숙련이 사회적으로 구성된다는 논의에 대해서는 다음의 책을 참고하라. 김현아, 《감정노동, 그 이름의 함정》, 푸른사상, 2018.

쓰지 않는 직종은 없겠지만? 뭔가 낮은 임금에 뭔가 높은 강도의 일들을 원해가지고. 그리고 일단 뭔가 일하는…… 어린이집에서 일하는 거 자체가 막 인식이 그렇게 좋지도 않고? 일하는 게 다 CCTV로 녹화가 되는 것도 부담이었고. 그냥 여러 가지 이유였던 거 같아요. (소라)

실제 정규 보육교사로 현장에서 일한 바 있는 재림은 과다한 업무량, 부족한 임금 외에도 원장의 폭력적 행동, 임금 갈취 등의 문제를 지적했다. 보육교사들은 교사 대비 아동의 비율이 양질의 보육을 제공하기 어려울 정도로 높아 식사를 챙기거나 화장실에 가기도 어렵고, 노동법이 보장하는 연차 등의 휴일을 사용하기도 힘들다. 또한 대개 경력과 상관없이 최저임금에 해당하는 급여를 지급받는데 이마저도 일부를 원장에게 갈취당하기도 한다.[7] 재림 역시 수습기간을 이유로 처음 근무를 할 당시 월 60만 원밖에 받지 못했다. 이 정도도 그나마 나은 편이다. "아예 안 주는 곳도 있"기 때문이다. 근로기준법상 수습기간이라 하더라도 최저임금 이하의 급여를 지급하는 건 불법이지만, 이러한 임금갈취는 원장들 사이의 카르텔을 통해 공공연하게 자행된다.

K시는 [P도보다] 더…… 연봉이 더 낮아요. 그러니까 1년 정도 더 낮아요. 그리고 유치원에서 주는 월급은 정말 얼마 안 돼요. 150? 170 정도 되고요. 더 낮은 곳도 있고요. 그런데 이

제 국가에서 처우개선비라고 해서, [급여가] 너무 적다 보니까 처우개선비라고 해서 한…… 50만 원 정도를 주거든요. 그래서 그걸 합친 돈으로 해서 연봉이 그 정도가 되는 거에요. [그런데 K시는 광역시이고, P도에서 제일 큰 지역인데도 연봉이 낮아요?] 네…… 더 더 작아요. 그리고 이제, 수습기간이라고 해야 할까요. 정식으로 채용된 게 아니고 적응하는 기간이 한두 달 정도 있는데 그때는 K시는 아예 월급을 안 주는 곳도 있구요. 준다고 해도 60만 원? 저는 한 60 정도를 받았던 거 같아요. [한 달에요?] 네 한 달에 60. 그런데 아예 안 주는 곳도 있어요. (재림)

재림은 임금도 임금이지만 원장의 폭력적인 태도와 조직문화로 인해 전직을 결정했다. 재림이 처음으로 취직한 어린이집 원장은 "자기 말대로 안 되면 노트를 집어 던"지거나, "어깨를 좀 밀치"고, 교사들을 부를 때 이름이 아니라 "어이"라고 부르곤 했다. 재림은 자신이 근무하는 어린이집이 다른 교사들이 기피하는 곳이며 "계속 사람들이 물갈이됐던 곳"이라는 사실을 나중에야 알게 되었다.

어…… 일단…… 그 유치원 쪽에 너무, 그, 제가 다닌 원만 그런지 모르겠는데요. 비리도 너무 심했고. 그리고 알고 보니까 그 유치원이 14년도부터 계속 사람들이 물갈이됐던 곳이더라구요. 그것도 그렇고…… 원장님께서도 약간 사회 초년생이다 보니까 사회 초년생을 대하실 때, 너무 약간 기강 잡으신다고 해야 하나? 나이가 있으신 분이었는데…… 초임, 초임 선생님들이 되게 많았어요. 저 포함해서. 근데 되게…… 약간…… 뭐 그 본인 유치원을 위해서 선생님들을 약간 길들이기 위한 초반에 약간 그런 게 심하더라구요. 그냥 자기 말대로 안 되면 노트를 집어 던진다든지…… 그런 게 되게 심했어요. 그리고 되게 초반에는 사소한 실수를 해도, 물론 실수가 없으면 좋겠지만 아무래도 있을 수밖에 없잖아요? 근데 그런 거를 되게 용납을 못하시고. 초반인데…… 뭔가 앞으로 더 긴장하라는 뜻에서 그런 건진 모르겠지만 되게 엄청 심하게 뭐라고 하셨어요. 네. 그런 게 되게 심했는데…… [언어폭력 포함해서?] 네 그런 거. 약간…… 어깨를 좀 밀친다든지. 약간 좀 욕설은 하진 않으셨는데. 부르실 때 '어이' 이렇게 부르신다든지 그런 건 있었어요. (재림)

보육교사를 대상으로 하는 직장 내 괴롭힘이 이처럼 만연한 까닭은 어린이집 원장들 사이의 정보 네트워크가 활발하여 이러한 분위기가 산업 전반에서 통용되기 때문이다. 한 번의 문제 제기가 다른 어린이집으로의 취업에 부정적인 영향을 미칠 수 있는 상황에서 보육교사들은 원장의 지시에 따를 수밖에 없다. 숙련이 인정되지 않는 노동환경은 이들의 지위를 더욱 취약하게 만들고, 전문대를 중심으로 매년 배출되는 신규 노동력의 존재는 해고해도 괜찮은 노동자로 이들을 위치시킨다.

같은 직장, 다른 대우

한편, 남성들과 함께 근무하는 일터에서는 특정 직군에
만 여성 노동자를 배치하기도 한다. 분리직군제는 같은 직장
내에서 업무와 대우를 달리하는 제도로, 2007년 비정규직보
호법 도입과 함께 비정규직을 정규직화하는 방안으로 기업들
에 의해 고안되었다. 비정규직을 2년 이상 채용할 경우 무기
계약지으로 전환해야 하는 상황에서 많은 기업은 이들을 기
존 정규직 노동자들과 통합하기보다 비정규직이 담당하던 업
무를 다른 직군으로 분리해 차등적 임금 및 승진체계를 적용
하는 방식으로 관리하고자 했다.[8] 이렇게 생겨난 특수직군의
대다수가 여성 노동자로 구성되어 있어 성별분리직군제로 칭
해진다.[9] 경리사무일을 했던 하경은 고등학교를 졸업한 후 한
중견기업에 정규직으로 입사했는데, 나중에서야 자신의 직군
은 승진이 불가능하다는 사실을 알게 되었다. 해당 회사는 대
졸 여성 노동자도 "9년을 다녔는데 대리도 못 다", "[여성 노동
자에게는] 미래가 없고 그냥 여기서 남자 만나서 결혼하는 게 베
스트"인 성차별이 만연한 회사였던 것이다.

고졸 여자들?만 있는 게 아니라 대졸 여자들도 있었거든요,

일곱 명 중에? 그 대졸 여자도, 9년을 다녔는데 대리도 못 단 거에요. 아…… 네. 그냥 완전…… 고졸은 솔직히, 이러면 안 되는데 인정은 하거든요? 그러니까 그만큼의 노력을 인정은 해주는 거라고 생각해요. 그 승급 차이가. 그러니까 고졸이 '너 평생 사원이야'는 오바인데 이제 대졸은…… 그분마저도 9년을 다녔는데 그냥 만년 사원인 거에요. 그래서 그때 약간 현타를 느꼈고. 근데 그땐 별생각 없었어요. 저는 제가 고졸이었고 다닌 지 얼마 안 됐으니까. 네…… 그게 좀 지금 생각하면 너무 충격이고. 그리고 그 남자들끼리 으쌰으쌰 하는 게 확실히 있더라구요. 확실히…… 그냥 위에 사람들도 남자들끼리 더 푸시해주는 게 있고. 약간 그냥 그런 결속력이 확실히 있었어요. 그래서 항상 언니들…… 말하는 거 막 들어보면 아 여기는 미래가 없고, 그냥 여기서 남자 만나서 결혼하는 게 베스트다, 이러셨어요. 왜냐면 여기…… 거기는 잘릴 일이 없으니까. 거기는 정말 사람을 정말……. (하경)

계약기간 역시 성별에 따라 분리된다. 경리사무와 같이 여성들의 직무는 무기계약직 혹은 계약직 일자리로 활용된다. 특히 내부노동시장에 위치한 기업들이 저렴한 방식으로 노동자들을 채용하고자 할 때 이 방식을 사용한다. 전문대를 졸업한 세라는 한 대기업의 경리사무 계약직 노동자로 취업했는데, "전문계 고등학교 나온 남자애들은 정직원으로 들어올 수 있"는 상황에서 "여자애들은 계약직으로만 쓰"는 상황에 분개했다. 자신보다 학력이 낮은 "고등학교만 나온 애가" "더 많은 월급을 받"는 것이 "그때 당시도 좀 억울했"지만 그녀가 할 수 있는 일은 없었다.

좀 거기에 다닐 때도 억울했던 게 이제 실업계 고등학교, 전문계 고등학교를 나온 남자애들은 정직원으로 들어올 수가 있어요. 그런데 여자애들은 좀 그게 안 돼요. 그냥 여자애들은 계약직으로만 쓰고 남자애들만 그렇게 하는 것도. 그러니까 저보다…… 그러니까 저보다 고등학교만 나온 애가 와가지고 저보다 더 많은 월급을 받고. 개는 정규직…… 취급을 받고? 이러는 게 좀 그때 당시도 좀 억울했던 거 같아요. (세라)

취약한 지위와 직장 내 괴롭힘

정규직 사원이 대부분인 직장에서 정규직이 아닌 '여성' 노동자라는 취약한 지위는 직장 내 괴롭힘의 토대가 되기도 한다. 하경은 회사 내에서 승진이 불가능했지만 "보수도 어느 정도 괜찮았고" "계속 다니면 잘리지도 않"을 것이므로 만족했다. 승진 문제도 자신이 대학을 가지 않았다는 사실을 상기하면 받아들일 수 있었다. 고졸이라는 자신의 학력에 비하면 좋은 회사라 생각한 것이다. 그러나 승진제도가 존재하지 않아 여성 (고졸) 노동자에 대한 성과평가 또한 아무런 의미가 없는 상황에서 하경의 사수는 진급을 앞두고 하경의 상황을 악용했다. 자신의 책임을 하경에게 떠넘기거나 모든 팀원이 야근을 하는 모습을 전시하고자 하경의 업무가 끝났음에도 불구하고 퇴근을 하지 못하도록 막았다.

아 직장에서 사수가 되게 좀 악명 높은 사수……분이셨어서. 근데 그때 제 나이가 열아홉이었어요. 그러니까 조기 취업을 한 거죠? 근데 회사는 되게 괜찮은 회사였어요. 계속 다니면 잘리지도 않고, 그냥 여자니까 승진은 못하지만, 고졸 여자는 승진이 안 되니까 못하지만 이제 보수도 어느 정도 괜찮았고 했는데. 네…… 너무 시간…… 시간이 일곱 시 반 출근에 여덟 시 퇴근이었어요. 원래 여섯 시 퇴근인데 그냥 그 저희 부서가 좀 그런 부서였어서 그 나머지 사람들이 하고 갈 때까지 가지 말라고 그래가지고. (……) 그분이 그때…… 지금 생각해보면 그때 상황이 좀 진급할락 말락 시기였어서 자기도 스트레스를 받는데, 이제 그분이 저를 책임을 져야 되니까 아마 부담이 컸던 거 같아요. 근데 그거는 둘째 치고 그냥 되게 성격도 별로고 남한테 잘 미루고 그렇다고 책임감이 있지도 않고. (……) 어…… 계속 제 책임으로 넘기시긴 했는데 뭐 넘겨도 저도 한계가 있으니까 그리고 사람들 평판에도 쟤 어린애 괴롭힌다, 이거까진 자기도 싫었던 건지 챙겨주려고 하는데 결론적으로는 제가 해야 되는. (……) 거기가 남초 회사에, 그리고 되게 그분만이 그랬던 게 아니에요. 그러니까 제가 다녔던 부서가 연구…… 기술 연구소의 회계직이었는데 연구소 특성상 야근이 많고 이러니까 저도 따라라. 근데 저는 너무 이해가 안 되는 거에요. 저는 내 할 일 하면은 가도 되는데, 그러니까 그냥 앉아서 가만히 시간을 보내는 게. (……) 그러니까 보여주기식 근무라도 해야 되니까 너도 있어라. (하경)

일반 사무, 콜센터, 캐디 등 다양한 노동경험이 있는 겨레 또한 성별화된 일터에서 성폭력, 언어폭력 등 다양한 괴롭힘을 반복적으로 경험했다. 겨레는 "학교를 계속 다닌다 해서 미래가 있을지도 잘 모르겠"어서 전문대를 중퇴한 후 곧바로 임금노동을 시작했다. 그녀가 처음으로 일했던 직장은 최저시급보다 10만 원 정도를 더 주는 곳이었는데 회사 임원이 "남자만 편애하고 여자는 뭐가 있어도 계속 [성과를] 누락만 시"켰다. 일은 자신이 다 하고 있는데 "성과는 남직원들이 가져가고" 오히려 자신은 "갈굼당하기만 하"는 상황이 반복되었다. 게다가 상사들이 부하직원을 상대로 성폭력을 일삼았고, 결국 겨레는 "정상적인 회사를 들어가고 싶어서" 일을 그만두었다. 겨레는 이 경험을 두고 "드라마 보는 줄 알았"다고 말했다.

회사 내에서 제일 높으신 분이 남자만 편애하고 여자는……뭐가 있어도 계속 누락만 시키고 그런 게 있었는데, 그 와중에 팀장, 팀장은 또 남자였거든요. 근데 그 팀장이 회사 내 여 직원들을…… 뒤에서…… '먹버'[먹고 버리다]라고 하죠. 그니까 성관계를, 성관계를 가지고. 자기 지위를 이용해서. 지위를 이용해서 성관계를 가지고, 그러고 나서는 이제 성관계 한 번 가진 친구는 버리고, 다른 친구한테 또 그러고. 근데 그 와중에 그 남자만 편애한다는…… 그분은…… 회식하러 가면 막 남자 직원들 막 만지고 아주 난리가 났길래. (겨레)

이후 겨레는 "할 줄 아는 게 있는 것도 아니고 그렇다고 학력이 있는 것도 아니고 자격증이 있는 것도 아니고 해서 그 뒤로 울며 겨자 먹기로 콜센터"에 입사했다. 한번은 "집에서 쓰러져서 기절하기도 할 정도로 아팠"는데 "회사를 안 나갈 수는 없"어 일단 출근해 병가를 제출했지만 "만약에 반차 쓸 거면 그냥 지금 이 자리에서 사직서 쓰고 집에 가라"는 관리자의 말에 퇴사를 하게 되었다. 이후 겨레는 열 달간 일을 하지 못했는데, 이때 부족한 생활비를 감당하고자 무리한 대출을 받으면서 부채가 생겨났다. 결국 생계비와 늘어가는 부채에 대한 압박으로 다시 종전의 콜센터로 돌아갔지만 이내 정신적 문제가 생겨 두 달 만에 일을 그만둘 수밖에 없었다. 대출이자를 감당해야 하는 상황에서 겨레는 장기적으로 일할 수 있는 직업을 구하고자 했고 지인을 통해서 캐디 일이 "수입이 괜찮"고, "여자 혼자서 살면서 나이 들어서도 계속할 수 있는 직종"임을 알게 된 후 캐디에 지원했지만 오래 하지 못했다. 업무가 미숙하다는 이유로 선임 캐디에게 맞거나 욕설을 들었던 것이다.

막 뛰어다니다가 발목을 잘못 접질려가지고 그랬는데. 제가 원래 발목에 뼈가 분리가 되어 있대요. 그래가지고 발목을 조금 조심을 해야 했었는데 보호대를 맨날 하고 다니다가 하필 안 하고 간 날에 그렇게 돼가지고. 그것도 그런데 제가 신입으로 들어간 거라서 거기서 일하고 계시는 선배랑 같이 한 달 정도 같이 나가야 됐었어요. 근데 그…… 선배분이 회사 내에서도 약간 좀…… 기 세고. 말을 좀 막 하시고? 그런 걸로 유명했었는데. …… 주먹으로 때리더라고요. 그러다가 한 번은 근무를 나갔는데 손님이랑 얘기를 하면서, 손님이 농담이랍시고 제 사수보고 만약에 재가 말을 안 들으면은 골프채 같은 걸로 패라는 거에요. 근데 그 선배 사수가 그 얘기를 듣더니 아 그럼 지금 팰까요? 하면서 골프채를 꺼내는 시늉을 하는 거에요. 그거 보고 좀 충격을 받아가지고. (겨레)

승진도, 성과평가도 없는 직군이라는 여성들의 직장 내 지위는 중심부 노동자들의 책임 전가뿐만 아니라 괴롭힘에 대한 고용주(사용자)의 방관을 낳는다. 불안정한 고용관계는 이들을 일회용 노동자로 인식하게 하고 회사는 적극적으로 문제를 해결하기보다 해결을 지체하며 피해자들이 스스로 회사를 떠나기를 기다리는 방식으로 괴롭힘 문제를 처리한다.

대기업에서 비정규직으로 일하던 당시 정규직 노동자에 의해 스토킹을 경험한 세라 역시 회사에 해당 문제를 알렸지만 정작 회사를 떠나게 된 건 그녀 자신이었다. 가해자가 지방으로 발령이 난 상황에서 세라는 계약기간이 얼마 남지 않아 버티고자 했지만, 가해자에게 주소가 이미 알려진 집에 들어가는 일이 두려워 "피시방에서 자고 아침에 샤워만 하고 회사를 가고 이러다 보니까 너무 힘들어"서 결국 퇴직금을 포기하고 자발적으로 퇴사를 하게 되었다. 물론 이 과정에서 스토킹으로 인한 정신적 고통에 따른 치료비와 임금노동을 수행하지 못해 발생한 생계비 또한 전부 그녀가 부담해야 했다.

회사를 떠나도 반복되는 불안정

계약기간, 직장 내 괴롭힘, 과도한 노동강도 등으로 인해 노동이 불안정한 상황은 새로운 일자리를 탐색하게 하는 계기가 되기도 하지만, '유망한 일'에 대한 정보 부족은 이들의 탐색을 투자로 전환하지 못한다. 방송국에서 파견계약직 노동자로 일하고 있는 명신은 늘 새로운 일을 찾아 직장을 그만두곤 하지만 결국 다시 방송국으로 돌아간다. 처음 직장을 얻을 때만 하더라도 생계비를 벌고자 하는 목적에서 일을 시작했지만 막상 이 경력으로 일을 시작하고 나니 전직이 어려워졌다. 방송국이 명신의 직군을 늘 비정규직으로만 채용하고 있어 명신은 늘 여러 방송국을 전전해야 하는 상황에 처해 있다. 처음 계약 만료로 퇴사했을 당시 명신은 실업급여를 받으면서 "이제 진짜 뭘 해먹고 살아야 되지?" 하고 새로운 일자리를 찾았지만 결국 찾지 못해 다른 방송국에 파견직으로 다시 입사했다. 결국 또다시 "새로운 일을 좀 찾아볼까?" 싶어 퇴사를 했는데, 이번에도 적당한 일을 찾지 못해 인터뷰 당시 방송국 파견직으로 근무를 시작하려던 참이었다. 명신은 늘 "2년 뒤에" "다시 먹고살 방도를 찾아야 된다는 게 너무 힘이 들고", "직무 자체도 배우면 누구나 할 수 있는 일"이라 다른 일을 찾아야 하지만 "이제 와서 뭘 배워서 다른 일을 한다는 게…… 되게 늦은 거 같"아 자괴감을 느낀다.

> 일단 첫 번째로 미래가 없다고 생각이 들고요. 아무래도 파견계약직이다 보니까 2년이…… 그 한계잖아요. 그리고 2년 뒤에 내가 다시 뭔가 먹고살 방도를 찾아야 된다는 게 너무 힘이 들고. 그리고 그 직무 자체도…… 일이 배우면 누구나 할 수 있는 일이거든요. 그리고 이제 회사 입장에서도 어쨌든 돈을 좀 그렇게 적게 주는 게 좋잖아요. 그래서 경력자보다는 어쨌든 가르치면 누구나 할 수 있는 일이니까 신입을 뽑을 테고? 그냥 뭔가 내가 이거를 언제까지 몇 살 때까지 할 수 있을까, 라는 그런 생각도 들고. 그래서 좀 다른 일을 찾고 싶어서 그…… 작년…… 아 재작년이구나 [재작년에] 그만뒀는데 어 결국 제가 뭘 해야 될지를 못 찾았고. 그리고 어쨌든

먹고는 살아야 되니까 경력이 아무래도 3년이 있다 보니까. 그래서 또다시 그렇게…… 이력서 내고 다시 일을 시작하려고 하는 거 같아요. (명신)

하경 또한 더 나은 일자리를 찾을 수 있을 거란 기대로 중견기업의 경리사무 일을 그만두었지만, 그 이후 더 좋은 일자리를 찾지 못해 그때의 선택을 후회하고 있다. 하경은 경리사무 일이 너무 뻔하고 비전이 없다는 생각에 새로운 일자리를 찾았지만, 아직도 무엇을 해야 할지 갈피를 잡지 못해 결국 다시 중소기업의 경리사무직으로 회귀하게 되었다. 인터뷰 당시 하경은 작은 회사의 경리사무직을 그만둔 상황이었다. 그만둔 회사는 정시 출퇴근이 가능했지만, 임금은 최저시급에 준하는 정도였다. 이런 상황에서 하경은 "그저 그런 회사에서" "전전하고 싶지 않아" 새로운 기술을 배우고 싶어 했다. 그리고 그 기술은 웹디자인, 영상편집과 프로그래밍이었다.

제가 어렸을 때부터 계속 컴퓨터를 계속 만져…… 만졌고? 그리고 제가 취미 아닌 취미가, 그러니까 뭐라도 해야겠다, 라고 해서 했던 취미가 브이로그였어요. 근데 그런 걸 했을 때 뭔가 어…… 이게 약간 애매하게 잘하는 거에요. 제가 또. 그냥 시키면 또 하니까 그리고 습득이 좀 빨라서 하니까? 아뭔가 제가 그렇다고 반대로 제과제빵, 예체능 이런 쪽엔 소질이 없는 건 알아요. 그래서 이쪽으로는 못 가고. 배울 수 있는 게 그런 쪽의 다른 결들…… 뭐 영상편집, 코딩, 웹디자인, 아니면 아예 해킹 프로그램. 이런 거 중에 선택을. (하경)

마찬가지로 새로운 직업을 찾고 있는 소라 역시 콘텐츠마케터*로의 취직을 기대했다. 소라는 "생각이나 감정을 창작할 수 있는" "기획할 수 있는 일"을 하고 싶다는 생각에서 국비지원을 받아 포토샵, 일러스트레이터, 영상편집, 코딩 등을 다양하게 배우고 있다. 사실 대부분의 소규모 기업 마케터들이 장시간 노동을 수행하고 있음에도 불구하고 포괄임금제로 인해 그에 걸맞은 임금을 지급받지 못하고 있는 상황이지만 소라는 이러한 상황에 대해서는 전혀 아는 바가 없었다.

컴퓨터에 대한 약간 전반적인 거를 배우는데, 웹디자인……
그런…… 것도 배우고. 영상에 대해서도 배우고? 약간 코딩도 배우고 좀 되게 다양한 걸. [그러면 소라 씨가 하고 싶은 직종은 뭐에요?] 저는……. 어…… 하고 싶은 쪽은 마케팅 쪽을 요즘에 관심이 생겨서 하고 싶고. 그게 아니더라도 뭔가…… 이제…… 사람들을 만나는 일이나 아니면 뭔가 저의 생각이나

---

* 콘텐츠마케터가 하는 주된 업무는 홍보채널의 특성에 따른 콘텐츠를 기획 및 제작하는 일로, 뉴스레터, 카드뉴스, 숏폼영상, 제품 상세페이지를 만드는 등 광범위하다. 표준직업분류상에는 존재하지 않는 직업이지만 미디어콘텐츠 디자이너와 유사한 업무로, 차이가 있다면 콘텐츠마케터는 디자인뿐만 아니라 기획 업무도 담당한다는 점이다.

감정을 뭔가 창작할 수 있는 일? 기획할 수 있는 일?을 하고 싶어요. (……) [업계 상황을] 잘 알지는 못해요. 그냥 막연히 하고 싶다? 이 생각으로 지금 준비를 하고 있는데, 만약에 잘 안되면 그냥 지금 배우고 있는 웹디자인…… 쪽으로 나갈 생각도 있어요. (소라)

이처럼 청년여성들은 비전이 없는 현재의 일자리를 대체하는 새로운 직업 찾기를 갈망하지만 이들의 노동이력이 보여주는 결과는 이러한 탐색이 결국 유사한 불안정 노동시장으로 이동하는 데 그칠 수 있다는 사실을 드러낸다. 보육교사에서 웹디자이너나 웹마케터로의 전직을 희망하는 소라나 경리사무원에서 웹디자이너가 되기를 바라는 하경의 노동전망은 낙관적이지 못하다. 뒤이어 살펴볼 웹디자이너의 노동현실은 장시간 노동, 포괄임금제로 점철되어 있어 노동안정성과는 거리가 멀기 때문이다. 하지만 이들은 이러한 사실을 정확하게 알지 못한다. 게다가 '유망하다고 여겨지는' 새로운 직업을 얻기 위해서는 기술 습득을 위한 교육을 이수해야 하는데, 이 과정에는 금전적 부담이 따른다. 정부가 지원하는 교육프로그램도 있지만, 교육상품을 구매하는 비용뿐만 아니라 교육을 받는 기간 동안 임금노동이 제한된다는 사실은 스스로 생계를 꾸려나가는 청년여성들에게 그 자체로 위험부담이 된다. 거기에 더해 교육을 이수한다 하더라도 전직이 실현되는 것은 아니기에 '투자'를 감행할 것인지에 대한 판단은 어려울 수밖에 없다.

교육과 시험으로 장기화되는 취업 준비

한국사회에서 '사교육'은 대학입시를 위한 학교 밖 교육이라는 한정적 의미로 사용되지만, 최근에는 취업을 위한 교육으로까지 그 의미가 확대되고 있다. 신입사원을 고용하여 직무교육을 실시하던 과거와 달리 각 기업들은 추가적인 비용을 들여 직무교육을 할 필요가 없는 '이미 완성된 노동자'를 채용하고자 하기에 청년들은 교육상품을 구매하여 기업이 원하는 능력을 미리 습득해야 한다. 예를 들어, 과거에는 기업에서 자체적인 교육을 실시하며 개발자를 양성했지만, 최근에는 바로 실무에 투입될 수 있을 만큼 기술을 습득한 지원자를 채용한다.[10] 웹디자이너에서 전직을 준비하는 재윤도 프로그래머로 일하기 위해 6개월에 300만 원가량 하는 민간 개발자 양성 프로그램인 부트캠프 교육을 받고 있다. 다수의 사람들과 상호작용하는 데 어려움을 겪는 정서 또한 주 2회 네 시간 수업을 기준으로 매달 60만 원을 지불하며 개발자 교육을 받는다.

한편, 이런 상황에서 대기업 및 공기업으로 대표되는 안정적 일자리를 얻기에 스펙이 부족한 청년들은 공무원 시험으로 눈을 돌린다. 이미 '완성된' 노동자를 채용하고자 하는 기업의 욕심은 사교육시장을 증대시킴과 동시에 청년들의 '스펙 쌓기' 경쟁을 부추겨왔다. '스펙 쌓기'는 이제 대학교 입학을 하는 순간부터 시작된다. 청년들은 학과 공부를 따라가면서 동시에 다양한 외부활동을 병행하고, 각종 자격증이나 수상실적을 통해서 자신의 능력을 전시해야 한다. 이러한 경쟁에서 각각의 단계를 밟아나가지 못한 개인들은 취업시장에서 뒤처질 수밖에 없다.

민준, 지혜, 그리고 윤미는 스스로 스펙이 부족하다고 느꼈으며 결국 스펙이 영향을 미치지 못하는 공무원 시험으로 눈을 돌리게 되었다고 밝혔다. 민준은 친구들에게 "쟤 결국 S대까지 나와서 결국 중소를 갔대"라는 말은 듣기 싫지만, "대학교 레벨만 높"고 쌓아놓은 스펙은 없는 상황에서 "내가 갈 수 있는 게 중소[기업]밖에 없겠구나"라는 생각이 들어 공무원 시험을 선택했다고 말했다. 지금 와서 아무리 발버둥 쳐도 대기업은 갈 수 없다는 판단이 들었던 것이다. 마찬가지로 윤미역시 "취준이 무서워서" 공무원 시험을 선택했다. 윤미는 자신이 원하는 학교에 진학하지 못해 대학생활에 적응하지 못했고, 그러한 부적응은 학점에도 영향을 미쳐 성실함을 판단하는 최소한의 기준으로 여겨지는 평점 3.0을 넘기지 못했다.[*] 이런 상황에서 높은 스펙을 요구하는 취업 준비는 그녀에게 두려움 그 자체였다. 결국 윤미는 "공부는 그래도 내가 성실하게 하면 되겠지"라는 판단에서 공무원 시험을 쳤다.

대기업은…… 못 들어갈 거 같아서……. 중견……? 중소는 또 학교 네임 때문에 또…… 그러니까 또 그런 게 있잖아요. 이게 좀 웃기긴 한데, 한 것도 쥐뿔 없으면서…… 대학교 레벨만 높아가지고 중소는 못 쓰겠는 거에요. [아 본인이?] 네…… 저…… 제가 생각해도, 아니 제가 생각하기에는 또 아 나는 중소에…… 한 것도 없으니까 중소 가는 게 맞지 생각은 하면서도 주변에서 '야 쟤 중소 갔대' 이러면은…… 그러니까 제 친구들이 있잖아요. 그러니까 같은, 사실 같은 대학교 친구들이면 그나마 또 괜찮아요, 같은 학과 친구들이면……. 근데 저…… 또 약간 제 중학교 친구들이나 고등학교 친구들 중에서는 제가 대학을 잘 간 편이거든요. 그래서 또…… '아 쟤 S대까지 나와서 결국 중소를 갔대. 우리랑 뭐 다를 거 없네' 그런…… 아무도 그런 말을 하지 않았는데 저 혼자 약간 그런 생각에 빠져가지고 그러니까 결국 제 끝이, 아 결국 내가 갈 수 있는 게 중소밖에 없겠구나 생각을 하니까, 막 그거 때문에. 그 모든 취업 준비생들이 그렇겠지만 그거 때문에 막 죽고 싶어지고. (웃음) 그러니까 아무리 내가

✿ 대학교의 성적은 크게 A, B, C, D, F로 분류되고, 여기에 각각 +, 0, -가 붙어, A+, A0, A-와 같은 방식으로 성적을 매긴다. 학점 부풀리기 (실제 성적보다 잘 주는 행위)가 심한 한국 대학교육에서 수업에 성실히 참석하고 정해진 과제를 수행하면 보통 B 이상의 학점은 받을 수 있다. F는 수업에 참석하지 않았다는 의미로 해석된다. A+를 4.5점 만점으로 보았을 때 B학점이 3.0이다. 따라서 학부 평점이 3.0보다 낮을 경우 성실하지 않았다고 평가하는 경우가 많다.

발버둥 쳐도 대기업은 못 가겠구나. (민준)

그냥 처음에…… 취준이 무서웠어요. 그냥 자기소개서 쓰고 면접하는 게 자신이 없었어요. 특히 자기소개서를 쓰는 거? 뭔가 저는 아무것도 없으니까……. 아무것도 못 할 거다, 라는 생각에 그냥 당연하게 공부는 그래도 내가 성실하게 하면은 되겠지, 그리고 좀 무시하는 경향도 있었죠. 공무원 시험은 어쨌든 책이 있으니까 그거 다 잘 따라서 그냥 열심히 하면 되겠지, 라는 생각에…… 음…… 그리고 객관식 시험이니까? (……) 저도 학점이 안 좋아요. 맞다, 학점이 안 좋아서 공무원 시험도 생각했었어요. (윤미)

게다가 노동시장에 만연한 성차별은 시험이 가지고 있는 공정성을 부각한다.[*] 민준과 지혜는 모두 개인적 경험을 통해 노동시장에서 여전히 공공연하게 성차별이 행해지고 있음을 알고 있었다. 취업시장에서 선점할 만한 특별한 기술이 없는 민준과 지혜에게 안정적인 기업으로의 취업은 가능성이 낮은 일처럼 여겨지기에 이들은 채용 과정에서 스펙도, 성차별도 개입될 수 없는 공무원 시험을 통해 평생의 고용안정성이라도 담보하고자 한다.

한편, 고용안정성을 택하기보다는 우선 대학원에 진학하

---

[*] 여기에 대해서는 4장에서 더 자세히 다룬다.

여 추가적인 교육자본을 획득하는 방식으로 노동시장 진입을 유예하는 청년여성들도 있다. 대학원 진학이라는 결정은 원하는 공부를 더 하고 싶기 때문이기도 하지만 이러한 선택의 배경에는 안정적인 일자리를 얻기가 어려운 사회적 현실이 자리한다. 내부노동시장의 안정적 일자리로 경력을 시작하기 어려운 상황에서 교육자본을 쌓아 특정한 필드에서의 진입을 노리는 것이다. 본 연구에 참여한 이들 중 지방 국립대를 나온 참여자들은 모두 대학원을 다니고 있거나 진학을 고려하고 있었다. 그러나 이들도 여전히 노동불안정성에서 벗어나지 못했다.

> 박사과정에 들어오니까 이런 막연한 불안들이 되게 피부로 와닿더라고요. 아 나 뭐 먹고 살지? 나 취직할 수 있을까? 이런 게 그냥…… 좀…… 석사 때도 막연히는 느꼈지만, 지금은 이제 좀 진짜 목을 조여오는 느낌?이라서 조금 마음이 급해진 게 있어요. (해랑)

사실상 박사학위를 취득한다 하더라도 취직이 보장되지 않는 사회에서 이들의 취업 경쟁은 해소된 것이라기보다 유예된 것에 가깝다. 박사수료를 앞두고 있는 해랑은 곧 취직을 해야 한다는 압박감을 느끼고 있었고, 마찬가지로 석사과정을 밟고 있는 가람 역시 돈을 벌지 못하고 있는 상황에 죄책감을 느끼고 있었다. 게다가 이 과정에서 필요한 학비나 생활비 또한 이들의 압박감을 강화한다. 늘어가는 학자금 대출과 불확실한 미래는 끊임없이 대학원 진학이라는 선택의 가치를 평가하게 만들며, 중도 포기라는 새로운 선택지의 존재를 상기시킨다. 여전히 불안은 해소되지 않으며 또 다른 불안을 야기한다.

자발과 비자발의 경계에서 이루어지는 이직과 전직

많은 청년이 '정규직'을 원한다. 이 말은 반은 맞고 반은 틀리다. 우리는 '좋은 회사'의 정규직을 원한다. 회사의 조건을 따지지 않는다면 사실 정규직 취직은 매우 쉬운데, 계약기간의 유무로 정규직과 비정규직을 구분하는 노동법상 계약기간이 정해져 있지 않다면 모두 법적으로는 정규직이기 때문이다. 그러므로 실제 사람들이 말하는 '정규직'은 내부노동시장에 위치한 일자리를 의미한다고 보아야 한다. 계약기간에 정함이 없고, 연공급의 적용을 받으며, 직장 내 승진제도가 존재한다는 점을 기준으로 판단하면 '안정적인' 정규직 일자리는 대폭 줄어든다. 그러한 조건에 부합하는 일자리는 대부분 대기업이나 공공기관 및 공기업에 존재한다. 중소기업은 노동 안정성을 담보하지 못한다. 낮은 임금, 장시간 노동, 추가노동에 따른 수당을 지급받지 못하는 포괄임금제 등 열악한 노동 조건은 청년들이 이직이나 전직을 선택하는 대표적인 이유로 자리매김한다.

　기업별 노조를 채택하고 있는 한국에서 중소기업 노동자들이 노동조합을 꾸려 집단주의적으로 문제를 해결하기란 사실상 어렵다. 그래서 요즘 청년들은 이직이라는 개인적 해결책을 통해 문제를 해결하고자 한다. 그러나 이때 이직은 외부노동시장 내에서만 이루어진다. 일단 외부노동시장에서 경력을 시작하면 내부노동시장으로의 진입이 어렵다. 운 좋게 내부노동시장으로 이동한다 하더라도 노동자들은 이전 경력을 제대로 인정받지 못하며, 신입사원으로 다시 경력을 새롭게 시작해야 한다. 내부노동시장은 경력직을 채용하기보다 공채, 즉 대규모 신입사원 채용을 선호하기에 외부노동시장에서 경력을 시작한 노동자들이 내부노동시장으로 이동하는 건 사실상 불가능한 도전에 가깝다.

　이러한 상황에서 외부노동시장에 위치한 노동자들은 외부노동시장 내에서 반복적으로 이직을 수행하여 자신의 노동조건을 개선하고자 한다. 서울 소재 4년제 대학을 졸업한 후 줄곧 웹디자이너로 근무했던 재윤은 높은 노동강도와 장시간 노동에도 불구하고 낮은 임금을 개선하고자 수차례 이직을 감행했다. 첫 일자리를 구할 당시 재윤은 취업 자체가 어렵다고 이야기하는 사회적 분위기 속에서 일단 취업만 하자고 생각해 '자발적으로' 외부노동시장에 진입했다. 자신과 비슷한 조건의 사람들이 내부노동시장에 진입하기 위해 들이는 노력을 이해하지 못했던 것이다. 그 결과 재윤은 졸업 후 여섯 달

만에 일자리를 구했지만 이 일을 두고 "취업 사기"라 표현했다. 입사를 결정하던 당시 재윤은 급여가 낮아도 숙련된 디자이너와 함께 근무할 수 있다는 점에 매력을 느껴 해당 회사를 선택했는데 막상 입사를 하고 보니 디자인 전공자는 없었던 것이다. 여기에 더해 매일 한 시간씩 야근을 해야 했고, 포괄임금제 적용으로 수당도 받지 못했다. 월급은 160만 원에 불과했다. 재윤은 결국 퇴사를 결정했다.

> 너무 못 참겠어가지고. [어떤 거를요?] 너무 야근도 심하고. 그게 원래 그리고 면접 볼 때 디자이너가 다섯 명 있다고 얘기를 했거든요? 그분이? 근데 입사를 하니까……. 그게 다…… 디자이너가 다섯 명이 아니라 그게 다 비전공잔데 디자인 일을 하고 있더라고요. 그래서 내가 배울 게 없다, 라는 생각이 들었어요. [아 그럼 재윤 씨만 전공자였어요?] 네. 취업 사기 당했어요. (웃음)

재윤은 한 달도 안되어 바로 다시 일자리를 구했는데, 이번에는 취업정보 사이트를 운영하는 회사였다. 급여는 이전 직장과 동일했다. 업무량도 많지 않고 야근도 없어서 일은 수월했지만, 바로 그 점 때문에 회사는 디자이너를 11개월 단기 계약직으로만 고용했다. 이러한 계약기간 설정은 퇴직금을 지급하지 않기 위한 꼼수다. 계약 종료 후 재윤의 빈자리는 다른 노동자로 빠르게 채워졌다.

그 후 재윤은 방송국에서 프리랜서로 근무를 시작했다. 1년에 2400만 원으로 총 2년을 일하는 조건이었다. 방송국은 스물네 시간 방송이 송출되어야 했기에 하루 여덟 시간 노동의 교대근무제도를 운영했다.[*] 출근시간은 일정했지만 퇴근시간은 항상 변경되었는데 "일이 약간 더 들어오면 대기조로 있어야" 했기 때문이다. 프리랜서였지만 일이 빨리 끝난다고 퇴근할 수 있는 것도 아니었다. 그래도 일은 괜찮았다. 그러나 이번에 재윤을 괴롭힌 문제는 경쟁적인 분위기였다. 회사는 직원들 사이의 경쟁을 부추기면서 매월 디자이너들의 순위를 매기고 마지막 그룹의 급여 20만 원가량을 빼앗아 가장 상위 그룹에 속한 직원들에게 인센티브로 지급했다. 디자이너들은 20만 원을 "뺏기지 말자고" 경쟁했고, 치열한 경쟁 속에서 재윤은 불안장애를 얻게 되었다.

> 되게 경쟁적이었어요. 그래서…… 그러니까 한 달마다 디자이너들 순위를 매겼어요. 그래서…… 그 순위가 뒤에서 1, 2, 3등 하면 월급이 깎였거든요? 깎이고 그 깎인 월급이 앞에서 1, 2, 3등 하는 사람들한테 인센티브로 가는 제도? 그거가

---

[*] 이러한 프리랜서 고용은 불법이다. 프리랜서는 특정 회사에 소속되지 않고 일을 완수할 것을 약속하여 일의 결과에 대해 보수를 지급하는 계약이다. 따라서 원칙적으로는 근로감독을 받을 수 없다. 방송국에서 특정한 시간에 다른 노동자의 지시를 받으며 일한 재윤의 경우 근로감독이 존재했다고 판단되므로 이는 불법이다.

〈표 4〉 재윤의 세부 노동이력과 급여

	기간	직장	월 급여(세후/만 원)
1	6개월	행사기획사	160
2	11개월	취업정보회사	160
3	1년 6개월	방송국(프리랜서 계약)	240
4	14일	유튜브 영상회사	-
5	1일	광고대행사	-
		......	
9	7일	방송국 영상편집실	-

있었는데 그거를 제가 감당을 못하더라고요. 감당할 수 있을 줄 알았는데. (……) 어…… 제가 직업을 후회해본 적이 없는데 엄청 후회하고 대학을 다시 가고 싶더라고요. 그때…… 그때 약간……. 네 그거 때문에 그런 거 같아요. (재윤)

결국 재윤은 또다시 이직을 했다. 이번에는 오래 버티지 못했다. 유튜브에 게시할 영상을 편집하는 회사에도 2주가량 근무했으며, 광고대행사에서도 잠깐 근무했다. "한 대여섯 군데를 그렇게 들어갔다 나왔다" 했다. "딱 와닿는 이런 게 있었으면 좋겠다"고 추상적인 지시를 내린 후 "막 아무 말이나 하면서 수정을 주"는 관리자들을 반복적으로 경험하면서 재윤은 이 업계에서 더 이상 일할 수 없겠다고 판단했다. "기억이 나지 않을 정도로" 짧은 기간 일하고 이직하기를 반복하면서 결국 재윤은 "대학을 다시 가고 싶다" "인생 헛살았다"는 생각이

들어 새로운 직업을 탐색했다.

그 퇴사하고 나서……. 계속 다른 회사를 계속 이렇게 취업을 하긴 했었거든요? 근데 계속 안 맞아서 계속 나왔어요. 유튜브 뭐 편집하는 회사? 어디…… 거기도 뭐 한 2주 다니다 나오고……. 대행사…… 광고회사도 뭐 들어갔다 나오고……. 다 들어갔다 나오고 그랬어요. [아 몇 군데나 갔었어요 그때?] 셀 수 없어요. 한 대여섯 군데를 그렇게 들어갔다 나왔다 들어갔다 나왔다 그랬어요. [또 다른 회사 있어요?] 뭐 그리고 영상…… 종편…… 종합편집실 같은 데 들어갔다 나오고……, [유튜브 편집회사는 왜 2주 만에 나왔어요?] 그러니까 썸네일을 만드는데 그쪽에서…… 썸네일을 보면 딱…… 딱 와닿는 이런 게 있었음 좋겠다. 그런 식으로 얘기를 하는데…… 아 뭐 어쩌라는 건지 잘 모르겠더라고요. 딱 와닿았으면 좋겠대요. (……) 딱 이런 느낌이 더 있었으면 좋겠다 막 그러는데 무슨 말인지 모르겠더라고요. 광고대행사……는…… 그…… 공공기관…… SNS에 올라가는 컨텐츠들을 이렇게 하청……받는 업체? 회사였는데 거기서도…… 진짜 거기는 하루…… 하루 만에 나왔어요. 아 예쁘게 잘 나왔다 이랬는데 그쪽에서 아 이거는 아닌 거 같다 그러고. 수정을…… 진짜…… 너무 막…… 아무 말이나 하면서 수정을 주니까…… 그냥 나왔어요. [그다음에 갔던 영상종합편집실은요?] 아…… 영상편집실은…… 왜 나왔지. 기억이 안 나요 너무 많아가지

고. (재윤)

이처럼 반복적인 이직 경험은 청년여성들에게 외부노동
시장 내에서는 아무리 노동조건을 개선하고자 시도한다 한들
개선되지 않는다는 사실을 각인한다. 간호사인 다윤도 "간호
사 생활을 해보니까 이걸로 50대 60대까지 평생 먹고살기에
는 조금 힘들 수도 있겠다, 라는 생각을" 했다. 다윤의 첫 근무
지는 요양병원이었는데, 노동환경은 좋았지만 경력을 쌓기에
는 어려운 곳이어서 종합병원으로 이직을 감행했다. 당시까
지만 해도 간호사로 계속 일하려는 마음이 있었기에 "노동강
도가 너무 힘들었고 정신적인 스트레스가 너무 심했"음에도
불구하고 "1년을 채우자"고 다짐했고 실제로도 1년을 근무한
후 "이름 있는 병원에 한번 몸을 담가보고 싶다는 생각이 문득
들"어 한 대학병원에 입사했다.

그러나 다윤은 그 대학병원에서 일주일밖에 버티지 못했
다. 종합병원에서 이미 3교대 업무를 했던 터라 교대근무가
없는 외래병동에 지원했지만 그녀가 느끼기에 병원의 시스템
은 3교대와 별반 차이가 없었다. 근무 시작 시간은 여덟 시였
으나 팀의 막내는 한 시간 일찍 홀로 출근해 공간을 정비하고
의사들의 커피를 미리 준비한 후 당일 외래진료가 예약된 환
자의 이력을 모두 확인해야 했다. 입원 환자가 많은 병동은 새
롭게 체크해야 하는 환자들이 적었지만 외래는 매일 다른 사
람들이 방문하기에 당일 숙지해야 하는 환자들의 정보 또한

매우 많아 교대근무보다 노동강도가 더 높게 느껴졌다.

시작은 한 여덟 시에 시작을 해가지고. 한 다섯 시 반에서 여섯 시 정도에 근무를 마감을 했는데 저같이 막내는 가면 이제 무조건 한 시간 정도는 일찍 출근을 해가지고 거기 뭐 뭐, 예를 들면 공기청정기 뭐 이런 거 켜놓고, 그리고 교수님들 커피 이런 거 미리 준비해놓고. 그리고 오늘 환자…… 어떤 사람이 와가지고 어떤 플랜으로 치료를 할 거고 그리고 대충 어느 정도 이제 빈 시간이 어느 정도 있다. 뭐 이런 거를 체크를 해놓고 전반적인 환자 히스토리를 제가 좀 테이킹을 해야 돼가지고, 그것도…… 조금 힘들었던 거 같고. 차라리 병동이면은…… 맨날 똑같은 자리에 똑같은 환자가 앉아 있으니까 며칠 정도는…… 그래서 이제 익숙해질 수 있는데 맨날 다른 시간에 맨날 다른 사람이 와가지고 맨날 다른 치료를 하니까 오히려 병동보다 더 환자 파악하기가 힘들어서 거기서 오는 스트레스가 되게 컸거든요. 그래서 거기는 일주일만 하다가 그냥 도망가버렸어요. (다윤)

대학병원은 자신과 맞지 않는다는 사실을 확인한 다윤은 근처 도시의 병원에 취직했다. 이번에는 병동 업무를 지원했는데, 문제는 '태움'이었다. 선배 간호사들이 새벽 한 시에서 두 시까지 소리를 지르며 다윤을 혼내고 다른 간호사와 다윤을 두고 험담을 하곤 했다. 업무에 대한 질문을 하면 면박을

〈표 5〉 다윤의 세부 노동이력과 급여

	기간	직장	월 급여(세후/만 원)
1	6개월	요양병원	230
2	12개월	종합병원	250
3	일주일	대학병원	250
4	4개월	종합병원	250

주는 일이 잦았다. 결국 다윤은 태움을 견디지 못하고 "그냥 다음 날 안 나갔"다.

새벽 한 시부터 새벽 세 시까지 앉혀놓고 계속 뭐라고 했어요. 계속 뭐라고 해서…… 그래서 그 새벽에 아무도 없는데…… 조용~하게. 밤에는 업무가 많지 않으니까 두 명이서 일하거든요? 그래서 저랑 그 선생님이랑 그리고 조무사 선생님 한 명 이렇게 있었는데 조무사 선생님 한 명은 이제 앉아서 대기를…… 데스크를 보고 있었고. 그리고 그 선생님이 저를 알려준답시고 옆에 와가지고 엄청 이제 윽박지르는 말투로 저를 몰아세웠어요. 근데 그 옆에서 조무사 선생님은 그걸 이제 가만히 듣고 그냥 있었고 근데 그 상황이 이제 저한테는 너무 수치스러웠던 거죠. [다른 사람들이 있는데 혼내고 윽박지르는 게?] 가르치는 거는 당연히 가르치는 건데 이 사람의 말하는 목적이 가르치려고 말하는 게 아니고 딱 봐도 나를 태우려고 이러는 거다, 이런 거를 제가 딱 느껴버리니까 제가 또 못 참았던 거 같아요. [그래서 어떻게 했어요?] 그냥 다음 날 안 나갔어요. 다음 날이 제가 쉬는 날이었거든요. (……) 다음 날이 그래서, 그 쉬는 날이었는데, 그다음 날에 이제 집에 가가지고 거기 파트장한테 카톡했어요. 문자를 남겼어요. [뭐라고?] 저 진짜 죄송한데 더 이상 못하겠다. 저 심리적인 압박감과 부당한 태움 때문에 나 못 다니겠다. 이렇게 카톡을 남겼고. 파트장님한테 답장이 온 게 이제 문자로 이러지 말고 만나서 얘기를 해보자, 얘기를 했었는데, 만나서 얘기는 할 수 있었는데 어쨌든 전 다음 날은 못 나갈 거 같다. 근데 지금부터 오늘 내일 이틀간 쉬는 날인데 쉬는 날이라서 이제 미리 말씀드리는 거라고. 못 나간다고. (다윤)

재윤과 다윤의 상황은 정규직 노동자라 하더라도 사실상 고용불안정에 노출될 수 있다는 사실을 상기시킨다. 파견 노동자로 일하고 있는 명신은 자신의 의지와 관계없이 2년에 한 번씩 일터를 옮겨야 하지만, 재윤이나 다윤의 경우 이보다 더 짧은 주기로 직장을 옮기고 있다. 이들의 이직이 매번 '환승'이라 표현할 수 있을 정도로 단시간 안에 가능했다는 사실은 해당 업계에 이러한 관행이 보편적일 수 있다는 사실을 암시한다. 일반적으로 회사는 근속연수가 긴 노동자를 채용하기를 희망한다. 이전 직장의 근속연수가 길다면 새 직장에서도 오래 일할 것이라 예상되기 때문이다. 이들은 짧은 근속연수에도 불구하고 계속해서 이직에 성공했는데, 이는 많은 지원자들의 근속연수가 짧아 그것이 유의미한 기준으로 작동하지 않는다는 사실을 의미한다. 이는 그만큼 대부분의 회사들이 서로 유사한 수준의 열악한 노동환경을 공유하고 있다는 의미이기도 하다.

따라서 이러한 이직은 좋지 않은 회사에서 다시 좋지 않은 회사로의 공간적 이동에 불과하기에 성공적일 수 없다. 결국 의미 없는 '반복적 이동'을 경험한 노동자들은 다시 교육과 시험이 존재하는 취업시장으로 진입하게 된다. 재윤은 개발자 양성 민간 교육프로그램(부트캠프)을 수강하면서 프로그래머로의 전직을 준비하고 있으며 다윤 또한 응급구조사 시험을 준비하고 있었다. 재윤은 다른 산업으로의 이동을, 다윤은 자신의 전공을 살릴 수 있는 특수공무원이 되기로 결정한 것이다.

신자유주의와 자기통치

앞서 참여자들이 경험한 반복적 이직은 열악한 노동지위에서 비롯되는 불가피한 선택이었지만, 이러한 '선택'은 성장을 위한 바람직한 행위로 이동을 의미화하는 신자유주의 통치성의 압박에서 비롯되는 결과이기도 하다. 신자유주의는 경제체제일 뿐만 아니라 우리의 삶을 사유하는 방식으로, 즉 우리가 어떤 삶을 살아갈 것이고 그러한 삶을 위해 어떤 행위를 할 것인지, 그리고 그 과정에서 타인을 인식하고 관계를 맺는 방식과 우리가 우리 자신을 이해하는 틀로도 작동한다. 신자유주의는 '경쟁'이라는 가치를 중심으로 특정한 삶을 바람직한 것으로 위치 지으면서 그러한 삶을 향해 정진하도록 우리를 통치한다. 모든 사회관계의 토대를 시장으로 간주하여 시장의 논리에 따라 행동하도록 명령하면서 국가를 넘어서 전 세계적 차원에서 합리성을 구축하고, 동시에 경제뿐만 아니라 인간 활동의 전 영역에서의 합리성의 세계를 그려낸다.[11]

신자유주의 사회의 통치성 아래에서 '안정성'은 '변화와 상징'으로 그 의미가 달라진다. 다시 말해 안정성의 의미는 '끊임없이 변화하는 것'을 뜻하게 되며, 그런 측면에서 '안정성'은 특정한 삶이 아닌 우리가 획득해야 할 '상징'으로 활용된다. 평생 동일한 직장에서 숙련을 쌓는 것을 바람직하게 여겼던 과거의 합리성은 점차 사라지고, 급변하는 세상의 속도에 맞추어 새로운 기술을 습득하면서 커리어를 쌓아 공간적 제약에서 벗어나는 것이 새로운 합리성으로 떠오르게 되는 것이다.[12] 이러한 합리성하에서 통치는 자기통치를 통해서, 즉 통치의 기술과 절차가 체화되어 스스로가 스스로를 통치하는 존재가 됨으로써 성공적으로 이루어진다.[13] 경쟁을 바람직한 것으로 여기는 신자유주의 사회에서 자기통치는 스스로를 하나의 기업으로 인식하는 것에서부터 시작된다. '나'라는 기업에서 우리가 지닌 자본은 기술과 능력, 즉 인적자본이다. 우리는 이 인적자본을 기준으로 시장에서 자신의 경제적 가치를 제고함과 동시에 삶에 도사리는 리스크를 예측하고 관리하여 이익을 최대화해야 한다. 자기통치는 노동자의 특정 태도나 품행을 바람직한 것으로 간주하는 노동윤리와 공명하면서, 노동유연화에서 기인한 불안정이라는 위험을 관리하는 도덕적 주체로서 노동자를 호명해낸다. 자발적인 헌신과 인적자본으로서의 자신에 대한 과감한 투자를 통해 전문성을 확보하는 것만이 노동자의 독립성을 담보할 수 있다고 설파한다.[14] 타인에 비해 가치 있는 인적자본을 확보하고 있다면 해고의 위험은 이직을 통해 축소될 수 있으며 나아가 이러한 이직이 오히려 개인의 전문성을 향상하기에 역설적으로 노동자의 지위는 안정화된다.

이러한 상황에서 능력이 아닌 연공급을 기반으로 시간에 대한 보상을 제공하며 장기근속할 수 있다고 여겨지는 일자리들의 매력은 반감될 수 있다.[15] 짧은 근속연수와 잦은 이직은 변화가 빠르게 진행되는 사회에서 오히려 다양한 경험이라는 가치를 나타낸다. 반대로 한 회사에서의 장기근속은 경험의 누락, 즉 인적자본을 개발하지 않았다는 의미로 여겨질 수도 있다. 게다가 변화와 성장을 통한 자아실현이 행복한 삶을 위한 필수적인 조건으로 의미화되는 현실에서[16] 장기근속이 내포하게 되는 '고여 있는 삶'은 신자유주의가 설파하는 정상성 범주에서의 이탈을 야기하여 개인의 삶에서 행복의 가능성을 제거한다.

9급 공무원인 윤미도 '성장하지 못하는 삶'이 두려워 퇴사를 고민하고 있다. 그녀는 공무원으로 일하면서 "계속 바보가 되는 느낌"이 든다고 말했다. 특수직이 아닌 "일반적인 행정가를 만드는" 행정직인 윤미는 근무지와 업무가 자주 바뀐다. 3년 차 공무원이었던 윤미는 지난 2년 동안 세 번이나 근무지가 변경되었다. 처음 공무원 시험을 준비했을 때는 7급 공무원을 목표로 했기에 "전문성이 그래도 조금은 있는" 일을 하리라 기대했지만 한 차례 시험에서 떨어진 후 9급으로 목표를 낮추면서 일의 전문성 또한 줄어들었다고 느꼈다.

일단은 제가 행정이니까 아무 데나 정말 앉거든요 자리를……. 그래서 소위 전문성이 많이 떨어져요. 그냥 일반적인 행정가를 만드는 그런 행정직이다 보니까. 예를 들어 저는 이전까지는 그냥 등본만 뗐다가, 등본 같은 민원 업무를 했다가 지금은 주로 전화 민원과 뭐 과태료를 부과하는 업무를 하거든요? 그래서 차량에 대한, 차량등록과라서 차량 업무를 하는데 어…… 완전히 새로 배우는 거죠? 어떻게 보면? 싹 다. 전에 게 도움이 조금은 되는데 별로 연관이 없어요. 그래서 다음 업무도 연관이 없을 거 같거든요. 그리고 다음 업무……. 그리고 제가 지금 앉은…… 지금 자리가 제일 차라리 제일 좋을 거 같아요. 환경이나 자리나 업무가 남들이 좀…… 어떻게 어부지리로 잘 걸려가지고 좀 괜찮은 팀에 왔어요. 그래서 다른 데를 가고 싶은 게 없는 거에요. 다른 데 가고 싶지도 않고? 게다가 업무 연관성도 떨어지니까.

어…… 제가 점점 계속 바보가 되는 것도 싫고. 사기업 다니는 친구들은, 대기업이나 좋은 중견 이런 데들이 아닌데도 소위 말해 좋은 직업…… 좋은 기업이 아닌데도 어쨌든 자기의 커리어가 쌓이는 게 느껴지는 거 같아요 저는. 이 분야에 대해서는 그래도 자기가 조금씩 더 많이 알게 되고 대처하게 되고 좀 성장하는 느낌이 드는데. 어…… 저는 좀 그냥 공무원이지 음…… 뭘 이렇게 안다, 라고 말하기는 좀 어렵게 느껴지는? 그래서…… 계속 바보가 되는 저도 싫고? 어…….

미래를 봤을 때 이렇게 버텨서 있고 싶지도 않다? 연금 같은 거는 일단 생각도 안 했거든요. 그냥 여기는 안 잘린다, 라는 거로서 그런 건데 어떻게 보면 저는 7급이 하고 싶었던 거지 9급은 생각이 없었던 거 같아요. 9급이 하고 싶었다기보다는 7급이나 뭔가 좀…… 국가직?이 하고 싶었었던 거 같아요. 정확히 말하면 어떻게 보면 정말로…… 관세처럼…… 그때도 한 것처럼 뭔가의 전문성이 그래도 조금은 있는 거를 하고 싶었던 거지. 공무원이 하고 싶다는 건…… 약간 세모인 느낌? 전문성이 떨어지는 거. (윤미)

게다가 효율성이 낮은 업무 방식은 다른 임금노동을 수행해본 경험이 없는 윤미로 하여금 "다른 사기업도 그런가?" 하는 의구심을 품게 한다. '평생직장'이라는 공무원의 장점은 실제 일을 해본 윤미에게는 개선 의지가 없는, "바꾸면 귀찮아, 라는 생각이 만연"한 조직이라는 단점으로 인식되면서 이동의 욕망을 불러일으킨다. 열심히 일을 해 성과를 내기보다 승진을 위해 윗사람에게 "굽신댈 수밖에 없는" 상황은 "노력하면서 업무를 할 필요는 없다"라는 "현타"를 야기한다.

어…… 뭔가 좀…… 꽉 막힌 느낌? 아무래도 공무원은 그냥 모든 걸 다 서류화하거든요. 그리고 저도…… 아직 공무원에 대해서 잘 모르지만, 그렇다고 해요. (……) 피드백이 잘 필요 없는 느낌? 피드백으로 개선의 의지가 없고. 바꿀 수 없어. 그리고 바꾸면 귀찮아, 라는 생각이 만연하고. 그러고 들어온 저도 점점 그렇게 되는 게 같이 느껴져요. 저도 점점 고이는 느낌이 너무 강해서 그 전에 무조건 나가야겠다는 생각이…… 많이 되게 보여지고 저도 점점 그런 게 멀어지는 거죠, 변화에 있어서? 아니면 문제점 인식에 있어서? (……) 정말로 노는 사람들도 너무 많거든요. 정말 그 혜택 온전히 잘 누리는 사람도 많고. [나태하게?] 그쵸. 진짜. 그쵸. 그러면 그 사람은…… 좋은 자리로 가거나, 어 어쨌든 이 사람을 자를 순 없으니까 얘는 어딘가엔 앉혀야 돼요. 그러면은 아무것도 업무를 안 주는…… 쉬운 자리를 가게 되죠. 근데 쟤랑 나랑 월급은 같은 거죠. 그것도 완전 능력인 거 같아요. 어떻게 철판을 잘 까느냐. 근데 대부분의 사람은 사실 성격상 다들 못 하죠 그렇게. 근데…… 근데 또 생각보다 많은가 봐요 그런 사람들도. 그래서 약간 그런 데서 오는 현타? 이렇게 내가 노력할 필요가…… 노력하면서 업무를 할 필요는 없다. 그리고

말씀하셨던 그렇게까지 내가 노력을 해야 하나? 라는 생각
도 크고. (윤미)

'성장하지 못하는 삶'이라는 그녀의 말은 사실상 기업가
주체와 공무원 일자리의 균열에서 비롯된다. 공무원 일자리
는 능력주의와 기업가 주체로 표상되는 신자유주의 통치성에
적합하지 않다. 민간기업들은 사회의 변화를 읽어내 지속적
으로 새로운 시장을 개척해야 하지만, 국민을 대상으로 하는
공공기관은 그럴 필요가 없다. 노동자들은 그저 주어진 일을
하고, 주어진 보수를 받으면 된다. 새로운 기술은 필요하지도
않고, 노동자에게 요구되지도 않는다. 성장해야만 한다고, 그
래야 행복하다고 말하는 사회에서 공무원 일자리는 박탈감을
야기한다.

이동과 성장에 대한 압박은 하경의 언사에서도 드러난
다. 지금까지 주로 경리사무원으로 일해왔던 하경은 '경리가
너무 뻔하다'면서 "그저 그런 회사에서" "전전하고 싶지 않"다
고 말했다. 경리사무는 모든 회사에서 필요한 일이기에 취직
이 상당히 용이하지만 누구나 할 수 있는 일로 여겨져 숙련도
에 대한 보상이 제대로 이뤄지지 않는다. 특히 4년제 대학을
나온 인력이 주로 배치되는 회계사무원과 달리 경리사무원
일자리는 대체로 저임금에 소규모 기업에서 채용하며, 정규
직을 표방하고 있으나 사실상 기업의 지속 가능성을 낙관할
수 없기에 안정적이지 못한 일자리로 인식된다.

요새 일을 원래 하다가 자발적으로 그만두긴 그만뒀어요. 근데 이제 그만둔 이유가 약간 너무 비전이 없고…… 제가 대학을 못 간 게 약간 집안 사정…… 경제적인 사정 때문이라서. 어 이거를 그냥 제가 빚을 지고 들어가는 게 맞는 건지. 그래야 미래를 더 볼 수 있으니까. 아니면 그냥 계속 했던 대로…… 취직은 계속 되기는 되니까 이렇게 살다가 해야 되는 건지 해서 그거에 대한 고민이 제일 크고. 어 그리고 제가 했던 게 회계거든요. 회계라서 그게 너무 뻔하잖아요. 그래서 아예 그것도 좀 다른 거를 배워볼까 생각하고 있어요. (하경)

이러한 상황에서 하경이 느끼는 '불안'은 막연한 감정이 아닌 구체적인 정동으로 자리잡는다. 대부분의 사람들이 대학에 진학하는 사회에서 '고졸'이라는 그녀의 학력과 그로 인해 제한되는 일자리는 '1인 가구'로서의 생존 가능성을 비관하게 만든다. "좋은 데를 가려면 너무 애매"한, "경력이 안 좋은 경력은 아닌데 또 좋은 경력은 아닌" 지금의 경력에서 하경은 스스로의 삶을 '전전하는 삶'으로 의미화한다.

1번 직장은 솔직히 조금 후회돼요. 왜냐하면 네임밸류도 괜찮고 돈도 괜찮고 그래서, 아 그 부서에 그 사수만 아니었음 다녔을 거 같은데. 그리고 저 그만둘 때 다른 분들도 그랬어요. 너 걔 아니었으면 다녔다. 니 하는 거 보면 다녔다. 알아요 저도 다녔다는 거. (……) 뭔가. 되게 애매해요. 제 경력이 안 좋은 경력은 아닌데 또 좋은 경력은 아니라서 정말 애매하거든요? 그래서. 네 그래서 막 그러니까 첫 번째 회사 규모가 작진 않았으니까 얘가 어느 정도 했던 애인 건 알겠는데, 그렇다고 이거를 쭉 해온 게 아니니까? 그래서. 좋은 데를 가려면 너무 애매하죠. 제가 더 준비를 하거나 아니면 진짜 아예 공부만 하고 아예 다른 걸 하거나? [좋은 데가 어디에요? 중견기업? 대기업?] 중견기업부터 아닐까요? [중소기업은 취직하기 싫어요?] 아뇨. 싫은 건 아닌데 그렇게 전전하고 싶지 않아요. 그냥 그저 그런 회사에서. 같은 수준으로 전전하기가 싫은 거 같아요. (하경)

하경이 성공적으로 전직을 하기 위해서는 추가적인 교육을 받아야 하지만, 부모님에게 경제적 지원을 받기 어려운 상황에서 추가적인 교육은 부채를 야기할 수 있는 선택이기에 위험을 유발한다. 능력이 아닌 '돈'에 대한 두려움은 하경의 선택에 있어서 장애물이 된다. 명신 역시 직업을 바꾸어야 한다는 사실에 대해서는 누구보다 잘 인식하고 있지만, 리스크를 줄이는 선택이 무엇인지 확신하지 못한다. 새로운 기술을 습득하고, 커리어를 쌓고, 자신의 가치를 발전시켜야 한다는 신자유주의 통치성의 명령은 이들의 삶을 끊임없이 압박하지만, 그에 따른 위험을 감당하기 어려운 현실 속에서 이들은 표류하고 있다.

4장

노동시장의 성차별

평등한 일터는 어디에

능력주의 일자리로의 전직

전직 과정에서 청년여성들이 고려하는 직종이 대부분 여성집중직종이라는 사실은 이들의 투자가 성차별적 노동시장에서 그만큼의 가치를 획득하지 못할 수 있다는 사실을 암시한다. 하경이 포토샵, 일러스트레이터 등의 프로그램을 학습해 웹디자이너가 된다고 하더라도 사실상 지금의 급여와 큰 차이가 나지 않을 수 있으며, 웹디자인 업계에 만연한 장시간 노동을 감안한다면 오히려 더 좋지 않은 일자리로의 이동이 될 수도 있다.

　이처럼 청년여성들이 아무리 노력한다 하더라도 여성집중직종으로 드러나는 노동시장의 성차별적 구조는 청년여성들의 능력이 임금으로 전환되는 과정에 개입해 저임금을 유발한다. 지금까지 내가 만난 청년여성 웹디자이너들의 연봉은 3000만 원 내외였으며, 4000만 원 이상인 경우는 단 한 번도 보지 못했다. 그럼에도 야근은 일상적으로 이루어졌다. 재윤의 사례처럼 이직이 언제든 가능하다는 사실은 그만큼 노동자들이 한 회사에서 오래 근무하기 어려울 만큼 열악한 현실을 나타낸다. 결국 노동자들은 서로의 회사를 맞교환할 뿐이다.

물론, 청년여성 노동자들이 재윤이나 정서와 같이 남성 직종으로의 전직을 선택할 수도 있다. 반복적인 이직을 경험한 재윤이 희망하고 있던 개발자 직군은 능력주의가 지배하는 일자리로 여겨진다. 재윤과 정서 모두 비전공자는 전공자에 비해 좋은 일자리로의 진입이 어렵고, 그로 인해 초봉이 낮다는 사실을 알고 있지만 경력이 쌓이면 얼마든지 고액의 연봉을 받을 수 있으리라 생각했다. "월 1000을 찍어보고 싶"다는 정서의 말처럼, 청년여성에게 개발자 직군은 철저하게 능력에 따라 평가받을 수 있는 일자리다.

실제로 프로그래머로 일하고 있는 은주의 노동이력은 이들의 전망에 근거를 제공한다. 은주는 지금까지 세 차례 이직을 경험했다. 다음에 제시된 〈표 6〉 은주의 세부 노동이력과 급여를 살펴보면, 은주와 재윤의 차이가 한눈에 드러난다. 우선 은주는 이직 과정에서뿐만 아니라 회사 내에서도 연봉이 큰 폭으로 인상되었다. 현재 약 6년 차인 은주의 연봉은 5800

<표 6> 은주의 세부 노동이력과 급여

	기간	직장	연봉(만 원)
1	24개월	중소기업	2200
			2500
2	36개월	중소기업	3200
			4600
3	현재	중견기업	5200
			5800

만 원으로, 월에 약 400만 원 이상의 급여를 수령하고 있다. 잦은 이직으로 계약기간이나 연봉을 기억하지 못했던 재윤과 달리 은주는 자신이 근무한 기간과 퇴사 직전 연봉, 그리고 이직 당시 계약한 연봉 등을 정확하게 기억하고 있었다. 은주의 이력대로라면 "월 1000을 찍어보고 싶"다는 정서의 말은 꿈이 아닐지도 모른다.

그러나 미래는 그다지 낙관적이지 않다. 일단 은주는 '전공자'다. 일종의 코딩학원인 부트캠프는 비전공자도 '실력만 된다면' 연봉 1억을 받는 꿈의 직장에 입사할 수 있다고 장담하지만, 현실에서 전공자의 벽을 넘기는 쉽지 않다. 청년들은 IT기업에 취직할 수 있으리란 기대로 부트캠프에 등록하지만 실제 그런 일은 거의 일어나지 않는다. 부트캠프를 졸업한다고 해서 바로 실무에 투입될 수 있는 것도 아니다. 부트캠프는 신입개발자의 경력을 부풀려 이들을 시스템통합 업체(SI 업체)에 취직시킨다. SI업계의 초급 인력으로 채용되려면 최소 3년

차 경력은 필요하기 때문이다. 이렇게 취업에 성공하더라도 SI업계에서 쉽게 벗어나지 못한다. 이곳에서 경력을 시작해 IT서비스 업체로 이직하겠다는 이들은 넘쳐나지만 SI업계의 일 자체가 창의성을 요구하기보다는 단순 반복적 노동이기에 이 경력은 '커리어'로 인정되지 않는다.[1] 디자이너들이 개인 시간을 활용해 공모전에 참여하거나 다른 일들을 수주해 자신의 포트폴리오를 보충하는 것처럼 개발자 또한 이직을 위해서는 개인 시간을 활용해 부족한 경력을 메워야 한다.

사라지지 않는 성차별

능력에 따라 공정한 성과평가를 받을 수 있을 거라는 기대와는 달리 성차별도 빈번하게 발생한다. 은주 또한 성차별을 경험했다. 상사는 은주가 가르친 남성 후배와 은주의 성과평가를 교체해 남성 노동자에게 더 높은 연봉을 책정했다. "윗사람에게 말을 했어야 되는데" "말을 안 해가지고" 그다음 해에도 동일한 상황이 반복됐다. 남성 후배와의 연봉 차이는 더 커졌다. 자신의 능력에 자부심을 가지고 있던 은주는 퇴사를 각오하고 윗선에 문제를 제기했고, 회사로부터 "네가 일을 다 하고 있는지 몰랐"다는 변명을 들었다. 그러나 이미 평가기간이 종료됐다는 이유로 연봉은 조정되지 않았다. 회사 책임자는 "부서 사람들 연봉 1만 원 2만 원씩 떼가지고" 은주에게 몰

아주는 임시 조치를 시행했다.

아 이게 처음에 2년은…… 회사…… 되게 잘 다녔어요. 그냥 저는 불만도 없었고. 근데 이게 3년째 되던 해에, 제 부사수가 있었거든요? 제가 일 다 가르쳐주고 뭐 했던 그런 부사수가 있었는데 걔가 좀 저보다 연봉이 적었어요 확실하게. 저희가 [연봉을 서로] 깠거든요. 적은 걸 확인했는데. 이제 제가 성과평가를 A를 받고 그 사람이 B를 받았는데. 그…… 전년도에 저는…… 그 뭐지, 진급을 했고 그 사람이 진급 누락이 됐었거든요? 그래서 그 해당 년도에 저는 A 받았음에도 불구하고 쟤가 또 누락된다. 만약에 쟤가 B 받으면…… 그래서 바꿔버린 거에요. 저를 B 주고 걔를 A를 준 거에요. 그래서 연봉이 역전이 됐어요. (……) 그래서 그때부터 약간 제가 흑화해가지고 회사에서 말도 안 하고. (웃음) 그러니까 이거를 윗사람한테 말을 했어야 되는데 저 말을 안 해가지고 그다음 해에 걔가 S 받고 제가 B를 받은 거에요. 근데 걔가…… 걔가 하는 일이 업체랑 컨택을 해서…… 뭔가 이런 일이고, 제가 하는 일은 개발자랑 컨택을 해서 개발자가 쓰는 걸 만들어주는 일인데, 결국 업체랑 컨택해서 제가 수정을 하거든요? 근데 쟤는 업체랑 컨택하니까 욕 많이 먹으니까 잘 줘야 돼, 이렇게 된 거에요. 그래서 이제 더…… [연봉] 차이가 많이 났어요. 제 부사순데. (……) 그래서 제가 팀장님한테 말하고 이사님한테 말하고 그 점수를 준 전 팀장님한테 차례대로 말하니까, 아…… 우리는 몰랐다, 니가 일을 다 하고 있는지 몰랐고 그러니까 제가 그럼 무슨 일을 하는 줄 아냐고 물어봤거든요? 제가 무슨 일을 한 줄 알고 이런 평가를 주신 거냐고 하니까 모르시는 거에요. 제가 무슨 일 하는지도. 그래서 그러니까 그 전 팀장님이…… 미안하다고. 소고기 사주겠다고. (웃음) 딱 그러고 끝나고. 그 상무님은…… 이제 그걸 알았어요. 제가 연봉 얘기 다 했거든요? 그만둘 생각으로. 연봉이 이렇고 이런데 이게 말이 되냐고 생각하냐고. 내가 쟤 다 가르쳤는데. 그러니까 상무님이 원래 제가 받아야 할 상승폭이 만약에 한 200만 원이면 이거를 300까지 끌어올려주셨어요. 근데 결국에 제가 까봤는데 걔는 결국 저보다 5만 원인가 더 올려 받았어요. 그러니까 어쨌든 많이 오른 거죠. 열받죠. 그래서 그냥 그만뒀죠. (은주)

여성집중 일자리에서 그렇지 않은 일자리로 이동한다 하더라도 성차별의 굴레는 벗어날 수 없다. 성차별은 은주가 경험한 것처럼, 은밀한 방식으로 이루어진다. 서울 중위권 대학교를 다니고 있는 민준은 학교에서 주최한 한 대기업의 취업설명회를 통해 채용에서 발생하는 성차별 사례를 목격했다. 해당 취업설명회에는 남성 노동자 두 명과 여성 노동자 한 명이 참석했는데, 여성 노동자의 스펙이 대단했던 것에 비해 남성 노동자의 것은 초라했다. '여성'인 민준의 입장에서 해당 취업설명회는 사회에 잔존하는 성차별을 직접적으로 목격한 기억이 되었다.

제가 스펙을 열심히 쌓아도 결국 나보다, 그러니까 저희가
○○라인이잖아요. 어떻게 대학 라인을 치면. 그럼 그거보다
더 아래 대학에 다니는 남자애들이 취업 더 잘한다고. 그러
니까 우리 라인 여자애들보다 남자애들이 결국 취업을 다 잘
한다. 걔넨 다 대기업 간다고…… 말이 그래요. (……) 2학년
때 그 취업설명회라고 어떤 대기업 쪽에서 이제 저희 학교에
서 대기업 가신 분들이 오셔갖고 취업설명회를 하신 게 있었
어요. 근데 거기서 여자분 한 분이랑 남자분 두 분이랑 오셨
는데 여자분 한 분은 정말 스펙이 정말 엄청 어마어마하신
거에요. 되게 준비를 열심히 하셨어요. 막 무슨 개인적으로
무슨 프로젝트를 해서 사업을…… 사업도 구상해보셨고 막
외국어도 기본적으로 한 일단 기본적으로 영어는 프리토킹
가능해야 하고 제2외국어는 있으면 좋다, 근데 특이한 게 좋
다, 그렇게 말씀해주셨는데. 그때 남……남자분이 되게 기억
에 남았던 게 학번도 저희랑 그렇게 크게 차이가 안 났어요.
13학번이었나? 14학번이었나 그러셨는데 학점이 2점대인데
대기업을 들어가셨다는 거에요. 근데 그렇게 크게 뭔가 스펙
도 없었어요. 그러니까 그냥…… 면접을 잘 보셔서 들어가신
거 같아요. 글 잘 쓰시고? 그러니까 저희한테 아 4학년 때까
지, 나도 4학년 때까지 스펙 없었다고 너희도 없어도 된다고
그렇게 얘기를 하셨는데. 그 전에 말씀하신 여자 선배랑은

너무 달라서 그게 너무 기억에 남았던 그게 있어요. (민준)

취업을 준비해야 하는 기간에 코로나19가 퍼져 어려움을 겪었던 지혜 역시 채용 과정에서 성차별을 경험한 바 있다. 지혜는 "면접을 좀 잘 봤"고, "면접관도 마음에 들어 했"기에 합격 통보를 받을 것이라 생각했지만 "결국에는 떨어졌"다. 해당 기관에서 일하고 있던 친구의 말에 따르면 세 명의 면접관 중에서 두 명은 지혜를 뽑고자 했지만 최고 의사결정권자인 한 명이 "남자를 뽑고 싶어" 해 다른 남성에게로 기회가 돌아갔다. "고등학교 사회 교과서에서 배운 사회는 되게 이상적이었"는데, 현실에서 지혜가 "마주한 사회는 전혀 그렇지 않"았다.

3월에 면접을 보는 곳이 있었어요. 근데 이제 친구가 근무했던 곳에서 행정……직이었는데 거기서 면접을 좀 잘 봤어요. 그 면접관도 마음에 들어 했었고. 근데 어…… 결국에는 떨어졌는데, 결론을 먼저 얘기하면 떨어졌는데. 그 친구가 나중에 비하인드 스토리를 들려줬는데 면접관 두 분이 저를 괜찮아했는데 그 팀장분이 남자를 뽑고 싶어 하셔서 떨어졌어요. (지혜)

평등한 일터가 없다

민간 노동시장에 잔존하는 성차별적 구조를 목도한 민준과 지혜가 결국 공무원 시험을 선택했다는 점은 청년세대가 공정함의 척도로 '시험'이라는 카드를 선택하는 이유를 보여준다. 부모님의 지원을 받아 3년간 시험에만 오롯이 집중할 수 있는 민준과 일과 병행해야 하는 지혜의 상황은 시험도 그다지 공정하지 않다는 사실을 방증하지만 이 정도의 불공정은 어쩔 수 없는 문제로 여겨지며 이를 만회할 '노력'이라는 개인적 해결책을 제시한다. 그러나 민준이나 지혜가 경험한 채용 과정에서의 성차별에서 이들이 할 수 있는 일이란 사실상 없다. 남성 노동자에 대한 선호 앞에서 여성들의 노력은 무화된다.

이처럼 남성들과 함께 경쟁하는 직군에서 여성들이 경험하는 성차별은 남성 노동자와의 직접적 비교 속에서 이뤄진다는 점에서 비대졸 여성들의 경험과는 차이를 지닌다. 비대졸 여성의 경우, 이들이 경험하는 차별은 대체로 여성집중직종에서 이뤄지는 여성 노동에 대한 가치절하다. 이러한 가치절하는 사회적으로 너무나 당연하게 여겨져서 성차별로 의미화되기도 어렵다. 예를 들어, 청소와 경비 업무 중에서 노동강도가 더 높은 일은 단연코 청소 업무이지만, 급여는 대체로 경비 업무가 더 높다. 여기에는 여성 노동자들이 주로 하는 청소일에 대한 가치절하와 더불어 남성 생계부양자 이데올로기에 따른 인식 등을 기반으로 하는 여성 노동자에 대한 평가절하가 자리하지만 이에 대한 문제 제기는 흔히 직무의 차이로 일축되며 은폐된다.

반면, 대졸 여성들의 경우 상대적으로 성별직종분리가 강하지 않은 직종에 진입하기에 남성 노동자와의 비교 속에서 직접적인 성차별을 경험한다. '노력'이라는 신자유주의적 해결책으로도 해소되기 어려운 이러한 성차별은 청년여성들을 덫에 가두고 있다. 결국 이들이 할 수 있는 일이란 그나마 성평등하다고 여겨지는 노동시장으로 목적지를 변경하는 것이다. 하지만 고위 공무원의 성비에서도 확인할 수 있듯 그러한 일터에서도 성차별은 반복된다. 성차별을 피할 수 있는 방법은 없다. 청년여성들은 덫에 갇혀 있다.

3부

청년여성이라는
존재론적 불안

5장

불공정

그러나 '노력 부족'을 말하는 여성들

노력에 대한 믿음

청년여성들의 서사에서 능력은 성차별을 극복하는 대안으로 제시되지만, 능력의 인정이 성차별적으로 이루어지는 현실에서 능력주의에 대한 맹목적 신뢰는 오히려 존재의 불안정을 가중한다. 인터뷰에 참여한 여성들은 성차별과 같은 구조적 문제를 개인의 노력으로 극복할 수 있는 문제로 생각하는 경향이 있었다. 계급상승을 위해 자기 자신을 개선해야 한다고 설파하는 자아실현 담론과 능력주의는 조직의 입장에서 구조의 문제를 개인의 책임으로 전환하는 유용한 정치적 도구로 작동한다.[1]

생활비를 위해 일하는 짧은 시간을 제외한 대부분의 시

간을 공부에 할애하는 해랑은 자신이 경험한 불공정을 자신의 노력이 부족한 탓으로 돌렸다. "그냥 간단"하게 "노력하면되는" 해결책을 제시한다는 점에서 능력주의는 효용성을 갖는다. 지난겨울, 해랑은 한 차례 입사 시험에서 떨어졌는데 업계에서는 내정자가 있었다는 소문이 파다했다. 그러나 해랑은 인터뷰 초반에 그러한 사실을 언급하지 않았고, 채용 시험에서 떨어진 데 대해 그저 자신의 노력이 부족한 탓이라 설명했다. 나와 대화를 좀 더 나누면서 그녀는 사실 내정자가 있다는 이야기가 있었고 여러 정황상 실제로도 그랬을 가능성이 높지만, 그럼에도 변명하고 싶지 않다고 말했다. 해랑에게는이 사실마저 '시험을 압도적으로 잘 쳤다면' 결과가 뒤바뀔 수있는 상황으로 여겨졌고, 이는 결국 높은 성적을 내지 못한 자신에 대한 자책으로 이어졌다.

[내정자가 있다는] 이런 말이 굉장히 많아요. 정말 많은데. 그냥…… 진짜 요번에도 안 그래도 전공이 너무 특정해서 [공고가] 나서…… 뭔가 구리다, 라는 반응이 많기는 했거든요. 근데 그런 거를 신경 쓰고 싶지도 않았고. 일단 시험을 정말 잘치면 되겠지, 하는 좀 외면하고 싶었던 마음이랑 그리고 제가 혹시 안 됐다고 해도 아 저거 뭐 다 내정자 있었어, 이런데서 위로받기가 싫은 거에요. 그냥 변명 같고? 그래서 이제자세한 내막은 저도 잘 모르겠지만, 그 친구들이 어떻게 들어가게 된 건지? 그런데 뭐 설사 내정이 있었거나 그렇다 하

더라도 그런 거 원망하고 싶지도 않고. 그냥…… 내가 시험을 정말 압도적으로 잘 치면 안 뽑을 수 없겠지. 다음에 잘해야지, 하는 마음으로 마음 추스르고 있어요. (해랑)

이처럼 불공정을 자신의 노력 부족으로 해석하는 해랑의 태도는 쉬는 행위 자체에 대한 불안으로도 나타난다. "대학원 오고는" "주말에 하루 이틀 그냥 쉴 수도 있는 건데" "너무 불안한 게" 커서 주말조차도 책상에 앉아 있다. 그녀에게 쉰다는 것은 '할 일을 외면하는 것'으로 의미화되고, 쉼 없는 일상이 "진짜 뭘 해도 진도 정말 안 나"갈 정도로 생산성 하락을 야기한다는 것도 알지만, "그냥 버티고 앉아 있는 거밖에는 답이 없는 거 같아서 그냥 붙들고 있"다. 마땅한 취미도 없는 상황에서 누워서 쉬어봤자 현실적인 생각들만 너무 많아져 쉰다는 행위는 그녀를 오히려 힘들게 한다.

어…… 일단…… 음……. 예전에는 그냥 아무 생각이 없었으니까. 알바…… 이날 알바가 잡혀 있으니까, 이날 일해야 하니까. 뭐 이런 것 때문에 그땐 아무 생각이 없었는데. 이제는 좀 대학원 오고는 좀…… 쉴…… 뭐 주말에 하루 이틀…… 그냥 쉴 수도 있는 건데. 막 너무 불안……한 게 큰 거에요. 그러니까 막 할 거 쌓여 있는데 괜히 내가 외면하고 누워 있는 게 아닐까? 해서 마음이 안 편하더라고요. 근데 그냥 마음이 편하려면 할 걸 하는 게. 제일 그냥 제 마음이 편해서. 뭔가 이렇게 마음 편하게 아무것도 안 해본 건 되게 오래된 거 같아요. (……) [쉬시는 건 어때요? 주말에는?] 아 그것도 사실 몇 번 해봤거든요? 나 월화수목금 열심히 살고, 주말 이틀 딱 논다 했는데, 금요일 밤에는 너무 행복한데, 토요일 늦잠 자고 일어날 때까지는 너무 행복한데 토요일 밤부터 자괴감이 막 밀려오는 거에요. 그냥 초조해서. 그러니까 이렇게 누워 있고 아무것도 안 하는 시간이 아깝다고 느껴졌어요. 사실 제가 취미가 크게 없거든요? 그러니까 뭐 뭘 덕질을 하는 것도 없고. 뭐…… 뭘 덕질을 하는 것도 없고. 뭐 좋아…… 영화를…… 좋아, 뭐 영화 보는 걸 좋아하는 것도 아니고. 드라마 같은 데도 집중을 잘 못해서 안 좋아하고. 그러니까 이게 저한테…… 저한테 쉬는 건 그냥 누워서 그냥 정말 쉬는 거?니까. 그리고 다니는 거 안 좋아하고. 그러니까 저는…… 그냥 그렇게 쉬면 생각이 너무 많아져서 더 힘들더라고요. (해랑)

연봉협상 과정에서 성차별을 경험한 은주 또한 이를 자신의 성격 탓으로 이해했다. 적극적으로 성과를 드러내지 못한 자신의 탓이라는 것이다. 이러한 자책으로 인해 은주는 지금의 직장에서도 성과평가에 큰 스트레스를 받는다. 원래 "스트레스를 받지 않는 사람"이었지만, 성차별 경험 이후 "성과평가에 너무 신경을 쓰게 되어" 그 뒤로 계속 스트레스를 받게 됐다고 말했다.

정확하게 모르겠어요. 진짜 성차별 때문인 건지······. 내가 이런 부정적인 감정을 잘 표출을 안 해서 발생한 일인지. (······) 이거 좀 많이 힘들어요. 어······ 좀······ 그니깐 저는 원래 이렇게 나서는 스타일이 아닌데 좀 나서게 돼요. 일을 더 막 하려고 하고. 의견도 많이 내고. (······) 제가 좀 곰곰이 생각을 해봤는데 그냥 이렇게 나서는 게 싫은 게 아니라 이렇게 내가 열심히 했음에도 불구하고 연봉이 안 오르는 게 싫은 거 같아요. 그럼 아예 노력을 안 하면······ 여기에 상처 받을 필요도 없는데. (은주)

해결책이 되기엔 부족한 '능력'

그러나 이들의 삶을 지배하는 언어인 '능력주의'는 차별의 문제를 뛰어넘을 수 없는 허구적 기획이다. 능력주의는 신자유주의 통치성의 일환으로, 사회적 불평등으로 인해 야기된 실패를 개인의 무능력으로 포장하여 도덕적 멍에를 씌우는 역할을 한다. 사회구조적 문제는 '노력'이라는 개인의 영역으로 치환되고 은폐되며 성공하지 못한 나머지 '잉여'들은 실패자라는 낙인이 찍힌 채 목소리를 잃어버리게 된다.[2] 게다가 가부장적 사회제도 아래에서 능력주의는 노동시장의 성차별적 구조를 비가시화해 여성을 (남성과 동등한) 개인으로 호명하면서도 동시에 여성의 능력을 개인이 아닌 집단의 특성을 기반으로 측정하는 이중적인 체계로 기능한다.[3] 즉, 능력주의 이데올로기는 사회의 성불평등한 분배구조를 지우고, 여성을 마치 남성과 동일하게 능력에 따라 평가받는 개인으로 포장하면서도 현실에서는 실상 여성이기 때문에 분배에 차등을 두기 위한 이데올로기로 작동하는 것이다.

많은 사람들은 능력주의적 평가 기준이 성별고정관념을 배제해 성차별을 완화할 것이라 기대하지만, 젠더 혹은 인종에 대한 고정관념이 기업 내부의 객관적 혹은 주관적 평가 기준에 미치는 영향에 대해 분석한 해외 연구들에 따르면, 표면적으로 젠더 중립적인 평가 시스템이라 하더라도 소수자 집단에 대한 고정관념의 개입은 제거될 수 없다. 우선, 구성원들 간 존재하는 지위의 격차는 구성원들에 대한 기대치를 상이하게 형성하는 데 영향을 미친다.[4] 즉, 누군가를 평가해야 할 때, 우리가 그 사람의 성별이나 인종 같은 귀속적 지위를 근거로 기대치를 형성한다는 것이다. 특정 집단의 역량에 대한 낮은 기대가 반복될수록 귀속적 지위에 대한 편견은 일반화되며 이는 이들이 지배적 집단보다 업무적 능력이 부족하다는 식의 고정관념으로 고착화된다.[5]

이렇게 고착화된 고정관념은 성과평가 과정에서 여성과 남성이 평가되는 방식에 잠재적으로 영향을 미친다. 사람들은 자격과 성과가 동일할 때 여성 노동자보다 남성 노동자를 훨씬 더 유능하고, 호감이 가고, 가치 있다고 평가한다.[6] 남성과 백인이라는 지위는 이들이 여성이나 흑인과 같은 낮은 지위의 범주에 속하는 구성원보다 더 큰 능력과 노력을 보일 것이라 가정된다.[7] 또한 '똑똑함'을 남성과 연관시키는 문화적 고정관념으로 인해 우수한 인재가 필요하다는 메시지는 여성 노동자로 하여금 해당 노동시장을 기피하도록 만든다.[8]

이처럼 표면적으로는 업무에 대한 객관적인 평가 기준을 가지고 있는 것처럼 보인다 하더라도 그것이 조직 내 남성 노동자의 능력에 맞추어진 기준일 때, 여성은 남성보다 좋은 평가를 받을 가능성이 낮다. 직무에 필요한 '능력'이 이미 남성중심적 사회에서 전통적으로 남성이 수행해왔던 역할들과 시간 스케줄을 반영하고 있기 때문에 여성에게는 차별적인 결과를 불러오는 것이다.[9] 또한 성별고정관념은 남성에게 입증된 기준에 더 많은 비중을 두도록 기준 그 자체를 변화시킨다.[10] 많은 경우 이러한 조건들은 실제로 직무에 필요하다기보다는 남성들로만 구성되어 있던 과거와 동일한 방식으로 과업을 수행해야 한다는 잘못된 전제가 야기한 결과이다.[11]

능력주의적 기준에 따른 합리적 평가를 수행한다고 여겨지는 조직은 오히려 조직의 행위자로 하여금 자신이 가지고 있는 잠재적 편견에 주의를 기울이지 못하게 막음으로써 편견을 조장하기도 한다. 능력주의적 가치와 신념을 강조하면서도 여성과 소수민족에게 낮은 상여금을 지급하는 경향이 존재하는 것이다.[12] "조직적 문화가 능력주의를 지원할 때, 그 조직의 중간관리자는 핵심적인 직업 결과와 보상으로 직원의 성과를 평가하는 과정에서 역설적으로 동등하게 일을 수행하는 여성보다 남성을 선호하는 편향을 보일 수 있다."[13] 여성은 남성보다 성과에 대한 더 많은 증거를 요구받고, 성취에 대해 남성보다 더 많이 조사되며, 고정관념은 능력이 있는 남성에게는 호감을 느끼도록 하지만 여성에게는 그 반대의 효과를 야기한다.[14]

정리하자면, 능력주의는 결코 사회에 존재하는 인종차별이나 성차별 등의 구조적 차별 문제에서 자유로울 수 없지만 여전히 많은 청년여성은 이러한 구조적 차별의 문제를 개인의 노력 부족으로 의미화한다. 능력은 이러한 차별 위에서 재정의되며, 따라서 이러한 집단에 속한 사람들에게는 더욱더 혹독한 기준이 적용된다. "여자애들은 공부를 안 해서, 그만둬서, 끈기가 없어서"라는 고정관념을 기반으로 자행되는 노골적인 성차별은 "내가 잘해야겠다. 그래야 후배들한테도 이런 편견이 안 내려가니까"라는 결말로, 채용에서의 불공정은 "내가 시험을 정말 압도적으로 잘 치면 안 뽑을 수 없겠지. 다음에 잘해야지"라는 다짐으로 귀결되고 있다.

6장

자기혐오

자책의 악순환이 이르는 곳

범람하는 심리분석과 치료담론

모든 게 빠르게 변화하며 개인화되는 신자유주의 사회에서 유동하는 자아는 본질적으로 불안정을 내포할 수밖에 없다. 앞서 말했듯 고정되지 않은 채로 끊임없이 변화해야만 정상성을 획득할 수 있기 때문이다. 이러한 상황에서 오늘날 개인들의 정체성은 선택의 경험을 통해 그때그때 재/구성되는 과정을 거친다는 점에서 근대의 정체성과는 차이가 있다. 고전적 근대의 정체성 감각은 견실한 자기평가에 기반한 개인적인 인생 계획과 자기결정에 토대를 두었다. 그러나 변화의 가속성이 높아진 현대사회에서 개인은 필연적으로 장기적인 인생 계획보다 단기적인 계획과 선택을 시행하게 된다. 이러한

'상황적 정체성'은 새로운 형태의 정체성으로서, 이는 모든 자기결정과 정체성 요인이 일시적인 것임을 받아들이며, 하나의 인생 계획을 설립하고 그에 따르기보다는 그때그때 주어진 조건에 맞추어 선택하는 방식의 서핑을 하도록 만든다.[1]

최근 들어 범람하는 심리분석과 개인의 문제적 상황에 대한 정신의료적 접근은 유동성이 표준화되어버린 일상과 궤를 같이한다. 상황적 정체성이 지배적인 사회에서 치료담론은 자아의 변화와 그로 인한 분열을 설명할 수 있게 한다. 치료담론을 통해서 각 개인들은 현재의 자신을 설명하기 위해 과거를 끊임없이 소환하고 이를 통해 유동하는 자아의 구심점을 획득한다.[2] 우리는 과거의 사건들과 그 사건들을 조망하여 하나의 이야기로 엮어냄으로써 우리 자신의 정체성을 훌륭하게 설명해낼 수 있다. 치료담론을 통해 개인은 불안정한 환경을 기반으로 안정적인 자아서사를 구성할 수 있게 되는 것이다.

문제는 이러한 문제들의 극복을 위한 치료담론이 역설적으로 고통과 트라우마를 특권화해 치료 불가능성을 내포한다는 점에 있다. 우리가 과거의 난관을 극복하고 더 나은 자신이 되었다고 설명하는 방식의 치료학적 자아실현 내러티브는 문제 상황이 발생하고 난 후에, 내 과거에 있었던 특정 사건을 소환해 현재의 사건을 설명하는 방식을 취한다.[3] 따라서 현재의 고통은 노동이나 가족, 계급과 같은 전통적인 가치들에서 기인한 것이 아니라 과거로부터 비롯된 것으로, 각 개인들은 자신이 느낀 감정을 성찰함으로써 스스로를 변화시키는 서사를 구축하는 능력을 통해 정당성과 자기가치를 획득할 수 있다.[4] 따라서 이러한 내러티브는 본질적으로 고통스러운 경험의 극복 내러티브 혹은 고통의 기억 그 자체가 될 수밖에 없다.

나태하지만 나태하지 않은

청년여성들의 치료적 내러티브에서 자신의 실패를 야기한 '회피'의 원인은 '노력의 부재'로 해석된다. 참여자들은 스스로 노력이 부족하다고 생각했기에 시험을 두려워했다. 결국 이들이 생각하기에 회피의 근본적인 원인은 자신의 '나태'에 있었다. 대학입시를 3년 동안 준비했으나 원하는 대학에 지원하지 못한 소라, 자격 요건을 갖추었음에도 불구하고 면접이 두려워 편입이나 대외활동을 지원하지 못한 민준 등의 사례를 통해 알 수 있듯 청년여성들은 확신을 가질 정도의 노력을 하지 않은 자신에 초점을 맞추어 과거를 설명한다.

그게 그냥 지레 겁먹어가지고 이제 시험도…… 치진 못했었는데…… 일단 저도 뭔가…… 저의 실력을 알기 때문에 이제 어차피 지원해도…… 되지 않겠다는 생각…… 때문에 제가 원하는 학교는 지원을 하지 않았었고. [시험 자체를?] 네 원하는 학교는 시험을 지원하지 않았어요. 실용음악과는 이제 좀 약간⋯⋯ 다른⋯⋯ 일반대랑은 달라가지고 좀 실력이 있는 학교가 전문대가 많아요. 그래서 전문대는 그 아마⋯⋯ 지원하는 횟수가⋯⋯ 무한대로 알고 있고 그래서 4년제⋯⋯ 그래서 아마⋯⋯ 근데⋯⋯ 지원은 할 수 있는⋯⋯ 있었지만 근데 저는 어차피 떨어질 거 같았고 떨어지면 되게 타격을 많이 받을 거 같아가지고 그냥 지원을 안 했어요. (소라)

전과⋯⋯ 전과도 되고. 그⋯⋯ 뭐냐 복수전공도 되는데. [안 했어요?] 제가 1학년, 2학년 때 약간 하루하루를 거의⋯⋯ 이제⋯⋯ 망나니처럼 살았다고 말씀드렸잖아요. 되게 의미 없이? 제가 좀 회피 성향이 있어서요. 그러니까 그럴 거 같은 거에요. 어우 내가 저 경영이 [전과 학점이] 4.5 막 이런데, 4.5, 4.3 이런다는데 내가 저길 어떻게 쓰니⋯⋯. 아예 쓸 생각을 못 했어요. 그러니까 그⋯⋯ 쓸 때⋯⋯ 쓰고⋯⋯ 나서 신청하고 나서의 두려움이랑 제가 그렇게 가고 싶었는데 떨어졌을 때의 그 절망감을 느끼기가 싫어서. [전과 신청할 때?] 네⋯⋯ [무서워서 못 썼다고요?] 네. 전과나 복수전공을⋯⋯ 사실 제가 지금 생각해보면 학점이 되는 때가 있었거든요. 4.5를 받은 때가 있어서. 신청하면 됐을 텐데⋯⋯ 저도 그게 약간 큰 후회 중에 하나로 남아 있죠. 대체 왜 회피를 했는가. 결국 4.5를 받아놓을 거면서. 그냥 그게 너무 무서운 거에요. 떨어졌을 때 제가 느껴야 될 그런⋯⋯ 어떤 온갖 부정적인 감정들? (민준)

이처럼 '나태'는 참여자들이 자신의 과거를 서사화하는 과정에서 언급되는 주된 테마이다. 재윤 역시 전직을 준비하는 지금의 상황을 야기한 원인으로 20대 초반에 다양한 활동을 경험하지 않고 "디자인 알바만 하고 디자인 관련된 일만" 한 자신을 강조하며 이를 '열심히 살지 않았다'는 증표로 내세웠다. 대학 졸업 후 지금까지 수차례 이직을 하면서 임금노동을 쉬어본 적이 없지만 여전히 그는 스스로의 삶을 '노력이 부족한 삶'으로 명명한다. 배우를 꿈꿨던 명신 또한 과거 매일같이 연기 연습을 하며 살았는데도 실패한 현실이라는 결과 앞에서 자신이 더 노력했어야 한다고 자책했다.

열심히 안 사는 거 같은데? [열심히 산다는 게 뭐예요?] 아…… 이직 너무 많이 해서…… 그리고 제가 취준을 그렇게 막 각 잡고 열심히 해본 적이 없거든요. 그래서 약간 (……) 그러니까 너무 디자인 알바만 하고 디자인 관련된 일만 하고 그랬거든요. 근데 이거, 이거 외에 다른 분야도 있을 수 있는데 왜 이 일만 생각을 했지? 라는 생각이 많이 들어서. (재윤)

그때 그냥…… 음…… 수업이 일주일에 이틀에서 사흘 정도 있었고 나머지 시간에는 자유롭게 학원 연습실을 이용할 수 있었거든요. 그래서 이제 같이 수업 듣는 언니 오빠들이랑, 같이 연습실 빌려서 그렇게 서로 연기 봐주고. 그런 거를 매일 나가서 했어요. 근데 저는 매일 나가는 그 자체만으로도

아 나 진짜 열심히 한다, 라고 생각을 했는데 돌이켜보면 그
정도는 누구나 다 하는 노력이었던 거 같아요. (명신)

청년여성들이 자신의 '회피' 성향의 원인으로 이야기하는
'게으름'은 실제로 무기력하거나 노력하지 않았다는 사실을
나타내는 것이 아니라 실패의 원인으로 지목되는 하나의 해
석으로 이해해야 한다. 노력의 결과가 결국 '실패'한 상황에서
노력은 언제나 부족한 것으로만 의미화된다. 다른 모든 건 실
패의 원인이 되지 못한다. 예를 들어 소라는 자신이 나태했다
고 설명하며 원하는 대학에 지원하지 못한 경험을 이야기하
지만, 소라는 사실상 노력의 성과를 평가받은 적이 없다. 당시
소라가 노력을 하지 않았다는 결정적 증거는 탈락할까 두려
워 지원을 하지 않았다는 사실뿐이다. 마찬가지로 민준도 비
슷한 이유로 경영학과로의 전과나 스펙을 쌓기 위한 자원봉
사 등을 지원하지 않았고 결과적으로 '아무것도 하지 않았다'
고 생각하며 자신의 나태를 후회한다. 민준은 학과에서 공부
를 하면서 학회활동도 열심히 했지만, 취업에 도움이 되지 않
는 상황에서 이러한 과거의 행위들은 아무런 의미를 지니지
않게 된다. 만약 그녀가 "경영이었으면" 경영과 관련된 "투자
동아리"를 했을 것이고, 이러한 결과물이 취업 과정에 영향을
미쳤다면 그녀는 자신이 열심히 살았음을 자부했을 것이다.

저는…… 그냥 같이 공부를 하고…… 봉사활동? 뭔 프로그

램 짜서 같이 공부를 하고. 그런…… 지도교수님도 있으니까 그런 교수님이 연결해줘서 너 이런 거 있는데, 한번 해볼래? 해서 같이 만들어서 뭐 짜서 하고 이런 게…… 전공을 살릴 거면 도움이 된다고 생각하거든요? 만약에 제가 노인복지관 같은 데 지원을 했을 때 너는 노인복지학회를 해서 뭐 이런 걸 공부를 했고, 같이 이런 활동을 했습니다, 라고 하면 사실 학회에서 그런…… 그런 활동들이 나오는 거잖아요. 그런데 제가 경영이었으면, 그거 관련 그런 걸 했겠죠? 투자, 투자 동아리 막 이런 거? (민준)

과거로 소급되는 실패의 원인

자신의 현재적 결함에 대한 성찰이 지속될수록 이들의 결함은 과거로 소급된다. 특히 양육담론이 발전한 현대사회에서, 개인의 자아정체성은 어린 시절의 부모 양육에 의해 형성된다고 여겨지기 때문에,[5] 과거에 대한 서사는 무의식의 영역으로 확장된다. 결국 과거에 대한 후회는 어린 시절로까지 회귀되며, '이번 생은 망했다'와 같은 실패 서사를 탄생시킨다. 민준은 청소년 양육에 대한 학과 공부를 한 이후부터 자신의 "결함이 보이"기 시작했다고 말했다. "예전에는 미처 몰랐"지만, "청소년인 아이를 어떻게 대하면 좋을지에 대해서 배우는 게 있다 보니까" "부모님이 이럴 때 나를 이렇게 대해줬으면은 조금 더 내가 그래도 맘에 들고 조금 더 나은…… 스스로가 되지 않았을까" 하는 생각을 하게 된다는 것이었다. 아무 정보도 없이 취업이 어려운 학과에 진학해 스펙도 쌓지 못하고 시간을 보낸 자신에 대해 돌아볼수록 "부모님이 나를 그동안 어떻게 키웠나"를 생각하게 되고 자신을 "그렇게 자유롭게 놔뒀어도 되는 것인가? 아이의 미래를 위해서?"라는 비난의 감정이 커진다.

> 저는 제 가족, 가족에 뭔가 이렇게 예전까지는 크게 불만이 없었는데 그냥 조금 나이가 들면서 조금씩 결함이 보이는 거에요. 예를 들면은, 뭐 경제적 상황이라든가 아니면…… 예전에는 미처 몰랐는데 뭐 아무래도 제가 학과가 학과다 보니까 조금…… 그 아이를…… 청소년인 아이를 어떻게 대하면 좋을지에 대해서도 배우는 게 있다 보니까 그거를 배우면서 드는 생각이 있는 거죠. 어 부모님이 이럴 때 나를 이렇게 대해줬으면 조금 더 내가 그래도 맘에 들고 조금 더 나은…… 스스로가 되지 않았을까? 약간 그런? (민준)

결국 참여자들은 과거를 되돌아봄으로써 현재의 문제를 해결할 방법을 찾아내는 것이 아니라, 본질적인 문제가 과거에 있다고 생각하게 됨으로써 역설적으로 현재에 집중하지 못하는 상황에 놓이게 된다. "미취학 아동 때로 돌아가고 싶"다(소라)거나 "초등학교 때로 돌아가" "제대로 공부하는 방법을 제대로 세워보고 싶"다(다윤)는 참여자들도 존재했다. 이들은 어릴 때로 돌아가 무언가를 성취하고 기쁨을 느끼게 된다면, 혹은 공부하는 습관을 다시 기를 수 있다면 자신의 삶이 달라졌으리라 기대한다.

> 일단 초등학교 때로 돌아가면 제대로 공부하는 방법을 제대로 세워보고 싶어요. [왜요? 그거 때문에 후회가 돼요?] 네. 왜냐면은 제가…… 성취감을 진짜…… 못 느껴봤거든요. 그래서 공부했을 때 초등학생 뭐 이런 때는 솔직히 큰 힘을 들이지 않아도 괜찮은 결과를 얻을 수 있잖아요. 그래서 그때의 그 적당히 노력해가지고 뭔가……. 내가 그 얻는 공부의 기쁨. 아니면 자기효능감. 이런 거. 이런 거를 어렸을 때부터 많이 느껴봤으면 정말 저한테 많이 큰 도움 됐을 거 같은데 공부가 너무…… 그냥 너무 싫었어요. 책상에 앉기도 싫었어요. (다윤)

명신 또한 '아무것도 하지 않고 싶은' 지금을 수정하기 위해 돌아가고 싶은 시점을 '연기학원을 다니던 때'로 짚어냈다. 그때 그는 매일같이 수업을 들으며 남는 시간에는 학원 연습실에서 연기 연습을 하며 살았고 그 자체로 "나 진짜 열심히 한다"라고 생각했는데 지금 돌이켜보니 "그 정도는 누구나 다 하는 노력"이었기 때문이다. 연기자로 성공하기 위해서는 남들과는 '다른' 노력을 더 기울였어야 한다는 것이다.

그 연기학원을 다녔던 때로 다시 돌아가고 싶어요. 그때로 가면…… 그때 당시에는 제가 되게 열심히 한다고 생각을 했었는데 돌이켜보면 그렇게 열심히 했던 거 같지 않아서 더 열심히 해보고 싶어요. (……) [거기다 뭘 더 할 거 같아요?] 프로필도 6개월에 한 번씩 계속 갱신을 하면서…… 여러 회사……나…… 그런 곳에 내보고? 그런…… 오디션 정보 같은 것도 좀 더…… 다양하게…… 열심히 알아보고? 그리고 오디션도 열심히 보러 다니고? 그냥 그렇게 할 거 같아요. (명신)

자책이 자책을 부르는 악순환

그러나 '게으름'으로 서사화된 과거의 결함을 수정하고자 생산성을 도모하는 행위는 역설적으로 생산성의 하락을 야기할 수 있다.[6] 취직을 준비하는 소라는 "여덟 시간 이상 자면" 자신이 "한심스럽게" 여겨진다. 이러한 '한심함'의 이면에는 뒤처짐을 극복하기 위해 잠을 줄여서라도 "다른 사람들과의 간격을 약간 좁혀야" 한다는 "압박감"과 "부담감"이 자리한다. 이러한 압박감과 부담감은 결국 "불면증으로 나타나"고 "두세 시간밖에 잠을 못 자"는 상황을 야기한다.

너무 이제 시간…… 1년을 버렸다는 생각이 너무 컸어, 컸었나 봐요. 그래서 제가 이제. 한 스물여덟 살 여름까지 두세 시간밖에 잠을 못 잤어요. 불면증에 많이 시달려서. 두세 시간밖에 못 자고. 그 이외의 시간에 되게 깨 있으면서 뭔가 해롱해롱 상태에서 있고. 그럼에도 잠을 못 자겠더라고요. 그런 생활을 반복하다가 몸이 안 좋아졌고. 약간 저에게 있어서 좀 시간이라는 것은…… 그러니까 되게 저는 남들보다 되게 느린 사람이라고 생각이 들어서. 뭔가 시간……을 타이트하게 잡지 않으면 뭔가 다른 사람들과, 다른 사람들에 비해서 많이 뒤처질 거라는 그런 부담감이 있어서 그런지 좀…… 뭔가 이제 약간 여덟 시간 이상 자면 되게 자신, 자신이 조금……. 좀 뭔가 한심스럽게 생각이 드는 거 같아요. (소라)

마찬가지로 코로나19가 터지면서 비자발적으로 아르바이트를 그만두어야 했던 열음은 아르바이트 일자리가 구해지지 않는 현실을 두고 사회적 상황으로 인한 영향이라고 생각하기보다 자신이 "나태해서" 그렇다는 말로 설명했다. 돈을 많이 쓰지 않는 자신의 성향 때문에 돈의 필요성을 느끼지 못하고 있는 탓이라는 것이다. 작가 지망생인 열음은 "하루에 진짜 1만 자씩 쓰고" "아침에 일어나서 글 쓰고 점심 먹고 또 글 쓰고" 싶어 "플래너를 쓰거나" "목표를 세우거나" 하지만 "작심삼일"이다. 마음먹은 대로 노력이 되지 않는 상황의 반복 속에서 열음은 자신이 "너무 한심하고 나태하고 그리고 뭔가 이상은 높은데 그거를 실현하지 않는 거 같다. 진짜 꾸준히 실천

을 해야 하는데 의지가 너무 나약하고 나태해서 그거를 다 그
르치는 거 같다"고 생각한다.

> 제가 그 코로나…… 코로나 그 전까지는 알바를 정말 많이
> 했는데 그 후로 이제 아르바이트를 주말 알바 평일 알바 둘
> 다 잘리고 나서 이상하게 일을, 일을 안 구하고 있어요. 제가,
> 제 스스로가. 그래서 머리로는 뭐라도 알바라도 구하고 뭐라
> 도 해라 이렇게 하는데 이상하게 안 구…… 안 구해지는 거
> 에요. 제가 나태해가지고 그런가 봐요. 그래서 그냥 모아놓
> 은 돈…… 까먹고. 제가 또 물욕이 별로 없어서 돈을 많이 안
> 쓰거든요. 옷 같은 거나 이런 거에 별로 욕심이 없어서. 또 제
> 가 집에 사니까 그냥 집에 있는 거 먹고 하면은 돈 들 일이
> 별로 없어서. 그냥 말로는 막 이제 공부 막 한다…… 이렇게
> 하지만 그냥 제 생각에는 그냥 백수 같아요 제가. 백수건달.
> (……) 제가 게을러서 그렇죠, 나태해서. (열음)

가족의 경제적 지원 없이 의과대학을 다니며 생계비와
학비 등 모든 비용을 감당한 지원 또한 지금까지 그 누구보다
열심히 살아왔지만 학과 공부에 몰입할 수 없는 상황에 몇 차
례 유급을 경험하게 되면서 정신적으로 큰 스트레스를 받고
있었다. 유급으로 인해 학교를 휴학해야 했던 상황에서 "전임
강사로 일을" 하면서 "보증금"을 모으고, 장학금을 받고, 학자
금 대출과 생활비 대출을 매 학기마다 "150만 원씩 받으면서"

과외 아르바이트를 하며 남는 시간에 최선을 다해 공부했지만 복학 후에도 유급을 면하지 못했다. 처음에는 "내가 좀 멍청한가 보다" 생각했지만, 일상생활에서 사람들과 대화를 할 때도 이해를 하지 못하는 등의 상태가 지속되자 지원은 그제야 자신이 우울증이라는 사실을 깨닫게 되었다. 지금은 마음을 다잡으며 공부하고 있지만, 지원은 여전히 매달, 매년 이루어지는 시험에서 통과하지 못할까 걱정한다. 유급이라는 결과로 인해 지원은 스스로 "별로 성실하지도 않고. 그러니까 많은 면에서 무능하다는 생각"이 든다고 말했다.

이처럼 청년여성들에게 '쉼'은 앞으로 나아가기 위한 에너지를 재충전하는 시간이 아니라 '뒤처짐의 시간'으로 의미화된다. 여성을 둘러싼 구조적 문제가 개인의 '노력 부족'으로 해석되는 사회에서 이들은 구조적 불평등 또한 노력으로 해결하기 위해 쉼 없이 달리고자 한다. 문제는 이러한 정주가 사실상 불가능성을 담지하고 있다는 점이다. 쉬지 않고 달릴 수 있는 사람은 없다. 하지만 마음 깊은 곳에 자리잡은 불안은 이들을 쉬지 못하도록 만들며, 노력하는 와중에 낮아지는 생산성은 다시 '게으른 자신'에 대한 혐오로 전환된다. 게다가 노력이 언제나 성과라는 결과를 낳는 것도 아니다. 하지만 성과가 나지 않는 상황은 스스로 생각만 할 뿐 '아무것도 하지 않는다'는 자기인식으로 이어지고, 이러한 자기인식은 다시 자기혐오로 이어진다.

'나'를 변화시키면 해결될 수 있을까

그러나 이 여성들이 직면하는 위험은 개인의 문제에서만 비롯되는 게 아니다. 가족이 강요하는 '딸'로서의 성역할 규범과 (성폭력을 포함해) 때때로 가해지는 폭력으로 인해 여성들의 리스크는 확장되지만, 여전히 남성 생계부양자를 이상적 노동자로 상정하는 성차별적 노동시장과 가족을 중시하는 유교 문화로 인해 가족과 떨어져 스스로 자신의 삶을 꾸려나가기 어려운 상황은 이들의 삶을 더욱 어둡게 만든다.

몇 차례의 음독자살 시도로 인해 전일제 노동을 수행하기 어려운 상황에서 가족들과 절연하게 된 세라는 자살예방팀의 도움으로 긴급생계지원 신청을 했지만 "만 30세가 안 넘으면 부모님을 부양자라고" 간주하는 조건 때문에 수급자 선정조차도 불투명한 상황이었다. 그녀는 가족들의 괴롭힘에서 벗어나고자 부모가 자신의 등초본을 열람하지 못하도록 제한을 걸고 싶어 했지만 현실적으로 증거서류를 포함한 별도의 신고 없이는 부모의 권한을 제한할 방도가 없는 상황이었다.

삶에 도사리는 위험 관리에 대한 부담감은 '왜 살아야 하는지 알지 못하는' 존재론적 불안으로 확장된다. 사회 자체가 예측할 수 없는 불확실성을 띠는 상황에서, 각 개인들은 존재론적 불안에 놓일 수밖에 없다.[7] 존재론적으로 안전하기 위해서는 각 개인들이 자신의 삶을 예측하고 계획하는 과정에서 이유나 해결책 같은 나름의 대답을 가지고 있어야 하지만 비중산층 청년여성들이 가지고 있는 해결책이란 고작 자기 자신을 변화시키는 것뿐이다.

과거를 통해 찾아낸 결점은 결국 반복되는 실패를 통해서 다시 과거로 회귀하며 '변화할 수 없음'이라는 좌절은 현재 자신의 존재에 대한 의문을 확장한다. 앞에서도 지적했듯, 여성들은 자신의 실패를 노력 부족으로 해석하여 자신의 변화를 통해 상황을 타개하려 하지만, 본질적으로 이들이 처한 문제 상황의 원인은 개인에게 있지 않으므로 다시 실패를 경험할 확률이 높다. 반복된 실패는 또다시 스스로를 자책하게 하고, 끝내 삶을 살아가는 행위 자체에 대한 질문을 던지기에 이른다.

> 그냥…… 말 그대론 거 같아요. 워딩 그대로 하고 싶은 게 정말 없고. 뭔가……. 그냥 계속 그런 생각이 드는 거 같아요. 내가 지금 뭘 한들 재미도 없고 행복하지 않은데…… (한숨) 뭔가 일을 하고 막 계속 이렇게 그냥 산다는 거 자체가 그냥 너무 왜 살아야 되지? 이런 생각이 계속 드는 거 같아요. (명신)

> 제 자신이……. 너무 쓸모가 없고 의미가 없다고 느껴져서, 제 인생이. 이렇게 산다고……. 나 하나 없어져도 괜찮을 거 같고. 이렇게 산다고 무슨 의미가 있나? (지원)

> 진짜 생각이 없었어요. 근데 그것도 대학생 시절에나 생각

없는 게 먹히지. 정말 이제 졸업을 하면 그거는…… 말도 안 되는 무책임한 짓인 걸 저도 알아요. 저도 인지하고 있어요. 뭔가 백수로 이렇게 하면 안 되는 거를 저도 알고. 아직까지는 제가 학생 신분이니까. 이게 뭐 어느 정도는 용인이 된다 해도, 이러면 안 되는 걸 저도 알거든요? 그래서 더더욱 죽고 싶은 거 같기도 해요. 이게 좀 회피를 하는 거 같기도 해요, 제 스스로. 저도 잘 모르겠어요. (열음)

뭔가 성과로서 드러나지 않는…… 물질적으로든 보여지는 성과가 없으면 존재 가치가 증명이 안 되는 거에요, 계속. (……) 제가 이렇게 삶을 연장하듯이 사는 게 의미가 있을까? 항상 들어가는 말이 그만둬야 할 때인 거 같아, 그만해야 할 때야, 내가 나를 놓아줘야 할 때가 왔어, 라는 말을 되게 많이 쓰거든요. 그런 식으로 나의 존재 가치를 증명해야 하고. 능력 있는 사람이 되어야만 할 것 같다는 불안……함? 부담……감? 저 스스로에게 지우는 불안……감?이 되게 많아요. 지금도 많고. (소현)

저는 이제 뭔가 좀 그런 상황이 오면, 그러니까 이 문제를 해결해야겠다는 생각보다 그냥…… 아 뭔가 그냥 내가 이 세상에 없으면은…… 뭔가 이런 고민을 하지 않을 텐데, 뭔가 이런 생각도 하지 않을 텐데. 그래서 약간 저는 그런 쪽으로 생각이 드는 거 같아요. (소라)

자살생각이라는 뫼비우스의 띠

정리하자면, 참여자들이 모두 열심히 살아가기 위해서 노력하고 있었음에도 불구하고, 불확실함이 지배하는 세상에서 성실함만으로 성과를 담보할 수 없다는 사실, 그리고 성공할 수 없다는 사실은 이들로 하여금 스스로를 되돌아보게 한다. 치료담론의 범람 속에서 이들의 성찰은 스스로에게 문제가 있으며 그 문제의 원인이 자신의 과거로부터 비롯되었다고 느끼게 하였으며, 이러한 생각 속에서 청년여성들은 현실의 도전이나 문제 해결을 회피함으로써 스스로에 대한 평가를 유예하고자 하였다. 하지만 회피가 문제를 해결할 수는 없으므로, 결국 이들은 언제가 됐든 그러한 결정을 하는 자신의 문제로 회귀할 수밖에 없었고, 이때 모든 문제의 원인은 또다시 게으르고 나태한 '나 자신'으로 되돌아와 "내가 원하는 대로 못 살 바에야 죽는 게"(재윤) 나은, "노력과 노동이 없는 죽음이 편해 보이는"(윤미) 상황에 이르게 되는 것이다.

저는 이런 자살이라는 문제도 사실 해결할 수 없는 문제라고 생각했거든요. 이 해결은 죽음밖에 없으니까 이게 포기…… 가 어려운 거에요. 뭔가…… 답이 없는? 그래서 남들한테 더 말하기도 어렵고? 뭔가 더 조언을 얻기가……. 사실 그런 거죠. 사실 막 우울해지고 답이 없고? 그냥 힘내, 이런 건데……. 친구랑 좀 얘기를 하다 보니까 조금은 그래도 괜찮았어요. 그래도 친구가 일단은 당장에 산재한 목표들을 생각해서 그런 걸 보고…… 달려보라고…… 해서 이제 회계 공부도 좀 시작한 거거든요. 그니까 어떻게 보면 그런 거에요. 제가 살려고 뭔가 다른 목표를 만들고 이어나가려고 하는 느낌? 약간 이중적인데. 이런 거 준비해서 뭐하나. 그냥 죽으면 되는데. 그런 생각이 있으면서도 아 이런 거라도 새로운 목표로서, 예를 들어 내가 새로운 전문가가 돼서 다른 직업으로서 그렇게 하면 살아갈 수 있을 거 같다, 라는 생각으로…… 기대로…… 그럼 공부라도 하자. 사실 공부를 하면 당장의 목표는 생기니까 어쨌든 이 삶에 좀 현실적으로 그렇게 이뤄나가게 되니까 그런 거는 잠시…… 잊긴 하거든요. 그래서 공부를 시작하는 것도 있어서 그냥 이런 죽음에 대한 포기? 선생님께서 말씀하신 그런…… 해결되지 않는 부분을 자꾸 잡으니까 더 힘든 거 같아요. …… 더 좋은 거는 그냥 아무것도 안 하고 싶다. 그래서 그 아무것도 안 해도 되는, 그냥 노력을…… 노력과 노동이 없는…… 그런 죽음이 편해 보이는 거죠? 그래서 그런 편함이 1순위고. 그래서 그렇게 편하지 않다면 이렇게 죽기 살기로 살아야 된다면 돈이 많으면 좋겠다, 라는 생각인 거 같아요. 그래서 돈이 필요한 거 같고. 일을 하지 않는 편함의 세계. (윤미)

노력과 노동이 없는 죽음이 편해 보인다는 윤미의 말은 이들의 삶에 자리한 '인정받지 못했을 노력들'의 존재에 그림자를 드리운다. 이미 열심히 살아왔으나 앞으로의 타개책 또한 '열심히' 말고는 보이지 않는 상황에서 이들은 앞으로 나아가지도, 뒤로 돌아가지도 못하는 '끼어 있는' 존재가 되어 있다. 이들이 자신의 과거를 되돌아보는 과정에서 발견한 것은 열심히 살아왔다고 생각한 자신의 삶이 사실은 열심히 산 게 아니었으며, 앞으로의 삶을 나아지게 하기 위해서는 과거보다 '더' 열심히 살아야 한다는 것이다. 열심히 산다 해도 원하는 삶을 얻는다는 보장이 없음에도 방법은 열심히 살아서 인정받는 것뿐이다. 이러한 명령은 삶을 앞으로 나아가는 것이 아닌 끝없는 루프, 즉 뫼비우스의 띠로 상상하게 만든다. 열심히 해도 제자리로 돌아오는 삶. 끝이 존재하지 않는 삶. 영원한 무한 반복.

7장

불안, 우울, 자살생각
생애 전반으로 확장되는 위험

한국 청년여성의 현재

하지만 여전히 의문은 남는다. 오늘날 청년여성들이 마주한 성별화된 위험들은 과거 세대의 여성들에게도 존재했던 위험이고, 신자유주의로부터 비롯된 노동의 불안정성은 정도의 차이는 있을지언정 청년남성도 마찬가지로 직면한 위험이기도 하기 때문이다. 그런데 왜 우리는 과거보다 더 많이 삶의 종료를 생각할까. 과거와 달라진 '청년여성'의 특수한 상황이란 무엇인가. 우리는 다시 원래의 질문으로 돌아가야 한다.

최근의 청년여성들은 노동을 중심으로 자신의 생애를 기획한다.[1] 결혼은 '선택'이다. 한 신문사에서 20대 여성을 대상으로 실시한 설문조사에 따르면, "결혼은 필수가 아니다"라고 응답한 여성들은 88.3%(매우 동의 59.4%, 약간 동의 28.9%)에 이른다. 특히 강한 페미니즘 집단으로 분류된 여성들은 전부 '결혼은 필수가 아니다'라 응답했다.[2] 결혼을 할 용의가 있든 없든 청년여성들은 결혼을 반드시 해야 한다고 생각하지 않는다. 결혼은 어디까지나 임금노동으로 이어지는 평생의 삶에서 존재할 수도 있는 이벤트에 불과하다. 성인이 된 후 잠시 임금노동을 하다가 결혼해 자녀를 낳고 가족을 구성했던 생애주기가 보편적으로 여겨지던 상황과는 거리가 멀다.

문제는 이 과정에서 성별화된 위험이 생애 전반으로 확장된다는 것이다. 원가족으로부터 기인하는 가족위험과 돌봄위험은 과거 결혼을 통해 어느 정도 해소되는 경향이 있었다. 결혼을 통해 여성들이 딸에서 아내/며느리라는 새로운 부계가족으로 이동했기 때문이다. 출가외인이라는 말에서도 짐작할 수 있듯, 결혼은 단순히 새로운 가정을 형성하는 일뿐만 아니라 아버지라는 가부장에서 남편이라는 새로운 가부장 아래로 여성의 위치를 이동시키는 사회적 의례였다. '출가외인'이 된 여성들은 원가족과 분리됨으로써 적어도 원가족의 위험으로부터만큼은 차단될 수 있었다.

노동위험 또한 마찬가지로 해석될 수 있다. 성별임금격차가 높고 여전히 여성을 부차적인 노동자로 인식하는 남성중심적 노동시장에서 여성들은 결혼을 통해 노동에서 가정의 영역으로 이행했고 이는 노동위험을 부분적으로 제거하는 결과를 낳았다. 1970~1980년대에 출생한 세대를 연구한 논문에 따르면, 불안정한 노동시장에 위치한 청년여성일수록 결혼을 통해 노동불안정을 해소하는 경향이 관찰된다. 이러한 현상은 자본주의 사회에서 남성중심적 삶 이외의 모델을 실천하기 어려운 불안정한 일자리를 가진 청년여성의 현실을 반영한다. 남성의 경우 불안정한 경제적 지위와 독립의 연관성이 확연하게 드러나지 않지만, 여성은 부모와 함께 동거할 경우 1인 가구를 구성했을 때보다 경제적 지위가 더 취약한 것으로 나타났다. 이는 결국 과거 청년여성들의 불안정한 사회경제적 지위에서 비롯되는 불확실성이 결혼제도를 통해, 즉 남성 생계부양자 모델을 중심으로 하는 새로운 가족 구성으로의 이행을 통해 관리되어왔음을 드러낸다.[3]

청년여성들에게 결혼이 더 이상 생애주기 이행 과정에서 필수적인 것으로 여겨지지 않는 상황은 성별화된 위험이 생애 전반으로 증폭될 수 있다는 사실을 지시한다. 일단 결혼하지 않은 여성들은 원가족으로부터 비롯된 가족 및 돌봄위험에서 벗어나기 어렵다. 실제 비혼여성의 경우 부모돌봄을 전담하는 경우가 많다.[4] 이러한 상황은 청년여성들이 경제적 독립을 성취한다 하더라도 여전히 원가족 내에서 이들의 돌봄을 책임져야 할지도 모른다는 가능성을 높인다. 이러한 상황은 연구 참여자들에게서 확인할 수 있었던 부모의 노후돌봄에 관한 두려움과도 일치한다. 돌봄노동의 성차별적 분배에 민감한 청년여성들에게 이러한 위협은 더 이상 '효도'로 해석되지 않는다.

결국 생애과정의 규범적 이행(취업-결혼)을 전제하여 청년여성을 여전히 부차적인 노동력으로 간주하는 남성중심적 노동시장과 그로 인한 노동불안은 생애 전반에 대한 위험을 확장한다. 특히 불안정한 일자리를 전전하는 비대졸 여성들의 위험은 안정적인 파트너 관계의 부재 속에서 배가된다. 독립할 자원이 존재하지 않는 저학력/저학벌 여성들의 생애과정이 결혼 이행이라는 전통적인 방식으로 재편되고 있다고 지적한 연구 또한 이러한 맥락에서 해석해볼 수 있다.[5] 해당 연구는 1978~1987년 사이에 노동시장에 진입한 세대의 경우 졸업, 취업, 결혼으로 이어지는 표준적 생애과정을 밟았지만 1988~1998년도에 노동시장에 진입한 세대부터 이러한 경향성이 균열을 보이기 시작했다고 지적한다. 이러한 경향은 심화되어 1998년 이후 노동시장에 진입한 세대에서는 학력에 따른 계급화 경향이 관찰된다. 고졸여성의 사례에서 취업보다 결혼을 우선하는 경향이 나타나는 것이다. 즉, 이 당시만 해도 불안정한 일자리를 가진 청년여성들은 결혼을 통해 노동위험으로부터 벗어나는 전략을 수행했다. 그러나 지금의 여성들은 그러한 생애주기 이행을 거부한다. 결국 노동위험은 생애 전반으로 확대된다.

신자유주의 페미니즘의 한계

페미니즘 담론의 확산은 능력주의에 대한 믿음과 개인화된 생애 기획의 정착에 큰 영향을 미쳤다. 1990년대 이후 출생한 청년여성은 온라인을 중심으로 확산된 페미니즘 리부트의 주역으로 인식된다. 특히 본 연구에서 참여자를 모집한 웹사이트 '여성시대https://cafe.daum.net/subdued20club'는 페미니즘 리부트를 주도한 사이트 중 하나로 평가되며, 실제 인터뷰에 참여한 여성들 모두 페미니즘의 가치에 동의한다고 대답했다. 과거와는 확연히 달라진 흐름이다. 내가 대학에 입학한 2010년대 초반만 하더라도 페미니즘을 말하는 사람은 거의 없었다. 그래서 나는 대학을 다니는 동안 줄곧 새터나 엠티, 답사 등의 행사를 할 때마다 반성폭력교양을 도맡아 진행했다. 할 사람이 마땅히 없었기 때문이다. 그러나 2016년 즈음이 되면서 상황이 급변하여 온라인을 중심으로 페미니즘이 화두가 되기 시작했다.

이러한 배경에서 자살생각을 둘러싼 이들의 경험이 노력에 대한 강박, 성과를 내지 못한 자신에 대한 혐오를 기반으로 서사화된다는 사실은 최근의 페미니즘이 신자유주의 통치성에 균열을 내기보다 능력주의에 대한 강한 동의를 기반으로 신자유주의 통치성과 결합하는 '신자유주의 페미니즘'에 지나지 않는다는 비판적 관점에서 해석해볼 수 있다.[6] 페미니즘 리부트 이전만 하더라도 대학 내에서 페미니즘은 학생운동의 의제였다. 나는 노동(계급)과 페미니즘은 당연히 교차한다고 생각했고, 지금도 이러한 입장에는 변함이 없다. 그러나 능력주의와 결부된 신자유주의 페미니즘 흐름에서 계급은 쉽게 지워진다.[7]

여기에 더해 미국의 신자유주의 페미니즘이 어머니와 노동자 사이의 균형점 찾기를 성취의 주안점으로 두고 있는 것과 달리, 한국의 페미니즘이 연애와 결혼의 거부를 동반한 능력주의적 지향을 제시한다는 지적은 의미심장하다.[8] 한국 여성들의 '성공'은 성평등한 파트너 관계나 훌륭한 어머니 되기와는 무관하게 오히려 이성애적 관계 및 남성에 대한 배제 속에서 의미화된다. 이러한 상황은 과거 세대의 여성들과는 확연하게 구분되는 지점이자, 청년여성의 자살률 증가라는 한국만의 특수성이 나타나게 된 원인으로 자리잡는다.

현재 한국의 청년여성들이 자신의 존재에 대한 의미를 규정하는 영역은 노동영역에 한정된다. 이러한 상황은 여성들이 자신의 존재에 의미를 부여하는 정박지를 잃어버리게 되었음을 의미한다. 과거에는 노동영역에서 성과를 보이지 못한다 하더라도 결혼을 통해 가정영역에서 존재론적 의미를 확보할 수 있었다면, 지금의 청년여성들은 노동위험이 생애 전반의 존재론적 불안으로 확장된다.[*]

우울증은 마음의 감기?

게다가 우울증이나 불안 등 정신병리적 증상을 약물로써 완화하고자 하는 의료화 과정을 통해 청년여성들의 정신적 고통은 생애 전반에 걸쳐 관리되어야 하는 것으로 인식된다. 경제적 자원이 충분하지 못한 청년여성들은 오십 분에 8~10만 원가량의 금액을 지불해야 하는 심리상담 대신 의료보험의 적용을 받는 약물적 치료를 통해 자신의 감정을 조절하고자 한다. 그러나 '우울증은 마음의 감기'라는 표어와 달리 항우울제는 감기약처럼 증상을 즉각적으로 개선하지 못한다.[9]

따라서 약물복용의 경험은 우울증을 평생의 질병으로 인식하게 한다. 일부 참여자들은 약물을 통한 정서 관리가 효과

✿ 여기에 한 가지 미완의 해석을 덧붙이고 싶다. 생애로 확장된 존재론적 불안은 남성에게도 동일한 것이겠으나 금융적 투기를 통해 축소된다는 점에서 성별에 따른 차이를 지닌다. 비트코인이나 주식투자 열풍에서 '투자자'는 남성 주체가 다수를 차지하는데, 이들의 서사에서도 불평등이 심화된 지금의 상황과 노동을 통해 안정성을 획득할 수 없다는 불안이 등장한다. 그러나 이들의 서사가 자살생각으로 귀결되지 않는 것은 이들이 이러한 불안을 금융상품의 구매를 통한 투기적 실천을 통해 조절하기 때문이다. 안정적인 삶을 살아갈 수 없다는 불안은 남성들의 투기적 도박을 경유하면서 현재적 삶이 아닌 미래의 삶으로 유예된다. 이에 대해서는 후속 연구를 진행 중이다. (최근 부상한 청년남성들의 투기적 실천에 대해서는 Seung Cheol Lee, "Magical capitalism, gambler subjects: South Korea's bitcoin investment frenzy", *Cultural studies* 36(1), 2022, 96~119쪽을 참고하라.)

적으로 수행되지 않는 상황을 반복적으로 경험하면서 자신의 정신병리적 증상을 '기질',* 즉 선천적인 특성으로 이해하고 있었다. 우울증으로 인해 병원에 다니고 있는 은주는 약물을 복용하고 있음에도 불구하고 감정의 기복을 경험한다며, 기분이 좋아졌을 땐 살 만하다고 느끼면서도 다시 (알 수 없는 이유로) 나빠졌을 때 "잠깐씩 이렇게 괜찮아지고 좋아질 순 있어도 나는 결국 우울해지는구나"라고 깨닫게 되면서 "내가 살아 있으면 우울해지는 걸 평생 느껴야 되겠네?"라는 생각이 들어 자살생각이 증폭된다고 말했다. 정서 또한 자신의 우울증에는 유전적인 측면이 존재한다고 믿는다.

> 좀 괜찮다가 또 어제 살짝 기분이 안 좋아지더라고요? 왜인지는 모르겠어요. 약을 바꿔서 그런 건지. 그…… 그렇게 딱 느끼니까 아 내가 잠깐씩 이렇게 괜찮아지고 좋아질 순 있어도 나는 결국 우울해지는구나. 내가 살아 있으면 우울해지는 걸 평생…… 느껴야…… 되겠네? 언제 우울해질지도 모르고? 그래서 이런 생각도 하고. 그냥 자살방법도 다 찾아봤어요. 진짜 저는…… 무조건 죽으면 한 번에 죽을 거다. 좀…… 죽는 방법도 다 찾아보고 죽을……려고도 했었는데 좀 약

---

* 심리학 용어에서 '기질'이란 생애 초기부터 관찰되는 정서, 운동, 반응성 및 자기통제에 대한 개인차를 의미한다(심리학 용어사전). 성격이 후천적으로 사회문화의 영향을 받아 구성된 것이라면, 기질은 선천적으로 타고난 성향을 뜻한다.

간 패닉이 와가지고, 이게 죽고 싶은데 죽음에 대한 공포가
좀…… 너무 심해서. 좀…… 시도도 못 하겠고. 모르겠어요.
너무너무 힘들어요. (은주)

저는…… 모든 거는 다 유전자 탓이라고 생각을 하거든요?
그냥 모든 게 다 제 세포에…… 세포 때문이고…… 다 DNA
가 나를 이렇게 만든 건데 어떻게 기질이…… 우울증에 영
향이 없을 수가 있을까요? 만약에 그런 우울함을 가지고 있
는…… 세포가 있다면? 그 세포가 저를 뭐 1만큼 우울할 거
막 10만큼 우울하게 만들 수도 있고 이런 거니까요. (……)
엄마가 썼던 일기장을 우연히 보게 됐는데 되게 우울한 감정
이었거든요. 그래서 그거 보고 또 더 무서워졌고. 이거는 진
짜…… 유전이라고 생각해요. (정서)

정신병리적 증상이 약물을 통해 해결될 수 있다는 의료
적 비전은 신자유주의의 구조적 문제를 은폐하는 동시에 새
로운 시장을 창출하는 이중의 효과를 야기한다. 장단기적 심
리상담 역시 약물처방만큼이나 효과적이고 관련 부작용이
나 금단증상이 없다는 점에서 더 나은 치료법일 수 있지만, 빠
른 처치와 빠른 결과라는 신자유주의 시간성의 속도를 따라
잡을 수 없기에 약물만큼 권고되지 않는다. 정부의 지원 역시
심리상담보다는 약물처방에 치중되어 있어 금전적 여유가 부
족한 사람들에게 심리상담은 선택하기 어려운 대안으로 자리

한다.[10] 본 연구의 참여자들 중에서도 양질의 심리상담을 받은 경험이 있는 여성은 은주와 지혜 두 사람에 불과했다. 연구 참여자들 중 월 소득이 가장 높은 은주는 오십 분에 10만 원이라는 비용을 스스로 부담했고, 지혜는 연구 활용에 동의한다는 조건으로 무료로 상담을 받았다. 나머지 참여자들은 정신과 내방 당시 진행되는 오 분 내지 십 분가량의 짧은 의사 면담이 전부였다.

심리상담은 여성들이 현실을 바라보는 시각에 변화를 줄 수 있다는 점에서 약물복용보다 좀 더 근본적인 변화를 이끌어낼 수 있다. 나 또한 두 달가량 심리상담을 받은 경험이 있다. 당시 여러 가지 문제들이 겹쳐 일상생활을 영위하기 어려울 정도로 정신적 압박을 받고 있었던 나는 내가 이러지도 저러지도 못하는 상황들 속에 '끼여 있다'고 생각했다. 약물복용이 본질적인 해결책이 아니라 생각했던 내게 한 친구가 심리상담을 추천해주었고 그의 소개로 오십 분에 8만 원가량 하는 상담을 시작했다. 비용을 감당하기 어려웠기에 아르바이트도 시작했다. 몇 차례 상담을 받으면서 나는 내가 할 수 있는 부분이 있고 어찌할 수 없는 부분이 있다는 걸 알게 되었다. 그리고 어찌할 수 없는 부분에 대해서는 포기해야 한다는 것도 배우게 되었다. 당시의 상황이 내 잘못에서 비롯된 게 아니라는 사실도 인식하게 되었다. 처음에는 6개월 이상 지속될 것이라 생각했던 상담이 2개월 만에 종료된 건 상담을 통해 생각보다 빠르게 좋아졌기 때문이다. 처음에는 상담을 받으러

가는 날만을 고대했지만 점차 예약시간을 잊어버릴 정도로 괜찮아졌다. 그 과정을 통해서 나는 내가 멍청하지 않다는 걸 알게 되었다.

이러한 경험 덕분에 심리상담은 내게 좋은 기억으로 남아 있다. 누군가에게 나의 문제를 이야기하고 응원을 받는 과정은 생각보다 빠르게 나를 우울의 구렁텅이에서 건져냈다. 그러나 많은 청년여성이 비용의 압박으로 인해 심리상담을 받지 못한다. 일부 참여자들은 대학의 상담센터에서 심리상담을 받기도 했지만, 이미 대기하는 사람들이 많아 시간이 소요된다는 점, 사설 심리상담보다는 상담의 질이 담보되지 않는디는 점, 지속적이고 규칙적으로 진행되지 않는다는 점으로 인해 이렇다 할 효과를 보지 못했다. 결국 이들은 다시 약물로 회귀했다.

떠밀리는 청년여성들

정리하자면, 지금 청년여성의 자살률이 증가하는 배경에는 신자유주의 페미니즘 담론의 확산*과 그에 따른 개인화된 생애 전망 속에서 여전히 변화되지 않는 성차별적 구조로 인해 독립된 1인 가구로서의 삶을 펼치기 어려운 상황이 자리한다. 고용불안정과 저임금은 주거독립의 불안정성을 강화하는데, 인터뷰 당시 무직이었던 하경과 세라는 월세를 감당하기 위해서라도 일자리를 빨리 찾아야 하는 상황이었으며, 겨레의 경우 친구와 함께 동거 중이었으나 친구와의 갈등이 심화되고 월세가 밀리면서 급작스럽게 거주지를 이동해야 하는 상황에 처해 있었다. 명신의 경우 보증금 없이 월세를 반반 부담하는 조건으로 친구의 전셋집에서 거주하고 있어 상황이 나은 편이었으나 이러한 상황 역시 지속되기 어렵다는 점에서 미래의 불안정을 확대한다.

청년여성들은 개인화된 주체로서 홀로 살기를 기대하지만, 노동과 가족제도는 여전히 이들을 가족영역 내부의 존재로 위치 지으며 부차적인 노동력으로 인식하고 있다. 이러한 상황에서 청년여성들이 맞닥뜨리는 가족 및 돌봄위험, 그리고 노동위험은 생애 전반으로 확장되며 존재론적 불안으로 이어지고 이는 결국 자살생각에까지 이른다. 끝없이 이어지는 자살생각에서 벗어나고자 청년여성들은 병원을 찾지만 우울을 야기하는 상황이 변화하지 않는 한 이들의 시도는 약물의 장기적 섭취를 낳을 뿐이다. 그 과정에서 야기되는, 평생 동안 우울이 지속될지 모른다는 두려움은 또다시 자살생각을 증폭하고 있다.

＊　　나는 신자유주의 페미니즘에 동의하지 않는다. 이와 관련해서 신자유주의 페미니즘이 호명하는 '여성'이 누구인지에 대해 질문을 던진 바 있다. 자세한 논의는 다음의 글을 참고하라. 이소진, 〈페미니즘 대중화 시대, 페미니즘은 어떤 여성을 호명하는가?〉, 《뉴 래디컬 리뷰》 2(1), 도서출판b, 2022.

아주 조금만이
당신의 몫이다

청년여성의 자살생각에 관한 이 연구는 나의 개인적인 경험에 많은 빚을 지고 있다. 프롤로그에서도 밝혔듯, 연구 참여자들의 이야기는 내 경험의 변주였다. 모든 질적연구는 연구자의 시각을 반영한다. 이 책 또한 그렇다. 나는 이 연구를 진행하면서, 나의 과거와 나의 현재를 좀 더 이해하게 되었다. 그리고 많은 여성들이 나와 비슷한 상황에 처해 있다는 것을 알게 되었다. 많은 여성들이 내가 헤매던 나의 과거에 머무르고, 지금도 나를 괴롭게 만드는 현재에 살고 있다.

내가 분석한 가족위험과 돌봄위험은 결국 가부장적 가족 아래에서 '딸'이라는 이름에 주어지는 수많은 의무들에서 기인한 것들이다. 우리는 가부장적인 아버지 밑에서 '동의할 수 없는' 많은 명령에 복종하기를 강요받으며 자라왔다. 우리의 결과물을 대하는 아버지의 조소와 비난, 훈육하고자 하는 의도에서 비롯된 우리의 존재에 대한 의도적 무시는 나뿐만 아니라 많은 여성들의 유년기에 자리한 그림자다. 현관문 옆 방이 내 방이었던, 그야말로 'K-장녀'인 나도 여성들이 인식한 위험을 경험한다. (성공이 무엇을 의미하는지 알 수는 없어도) 성공해야 한다는 압박이나 부모의 노후에 대한 걱정은 지금도 나의 머릿속 한구석에 자리하고 있는 문제다. 자신의 노후를 걱정하지 말라는 어머니의 말과는 별개로 불안한 나의 마음은 다른 청년여성들의 그것과 닮아 있다.

돈을 벌면 달라질 거라는 어린 시절의 기대와 달리, 현실의 불안정한 노동시장은 나에게 그 어떤 위로도 되지 않는다. 오히려 나의 위험을 가중할 뿐이다. 그 대학을 나와서 중소기업에 가느냐는 말을 듣기 싫어 공무원 시험을 준비한다는 민준의 말처럼 나 또한 고백하건대 중소기업에 가기 싫어 대학원에 진학했다. 물론 마음 한편에는 공부를 하고 싶다, 더 많은 것을 알고 싶다는 생각도 존재했다. 그러나 내가 만약 좋은 일자리를 얻을 수 있었다면 그걸 포기하고 대학원을 선택할 수 있었을까. 나는 아니라고 본다.

지금도 마찬가지다. 서른이 넘은 지금, 박사학위를 빨리 따야 한다는 압박감은 내 삶을 주름잡는다. 늘어만 가는 학자금 대출과 들쭉날쭉한 생활비는 간혹 나를 걱정스럽게 만든다. 문제는 졸업을 한다고 해서, 박사학위를 손에 쥔다고 해서 이러한 생활이 끝날 것 같지는 않다는 점이다. 냉혹한 학문의 세계에서 나는 아마도 몇 년간은 임시직을 전전할지도 모른다. 수도권과 지방이라는 선택지를 두고 고민하게 될지도 모른다. 언제쯤 미래를 걱정하지 않을 수 있을까.

이런 나에게 결혼은 엄밀하게 말하자면 '안중에 없는' 사건이다. 유년 시절부터 지금까지 나는 가족 내에 잔존하는 성차별을 목도해왔다. 1년에 두 번 있는 명절은 그러한 성차별의 집합체. 자신들의 조상을 모시는 행사임에도 불구하고 며느리들만 전을 부치고 남자들은 소파에 앉아 '밤이나 까며' 텔레비전을 본다. 성별분업은 아주 자연스럽게 그곳에 녹아들어 있었고, 내가 청소년이 되자 몇몇 사람들은 내게 '여성다움'을 강요했다.

물론 나도 불확실한 인생을 함께 헤쳐나가는 동반자의 존재가 삶을 살아가는 데 중요한 버팀목이 된다는 것쯤은 알고 있다. 하지만 이런 사회구조 속에서 내가 의지할 수 있는 동반자를 찾기란 하늘의 별 따기다. 많은 여성들의 삶은 오히려 모든 걸 책임지는 삶을 살아갈 수 있다는 사실을 나에게 경고한다. 맞벌이는 해도 맞돌봄은 하지 않는 사회에서 결혼은 삶을 더 위험하게 만들 수도 있다. 할리우드의 드라마를 통해 재현되는 결혼이 두 성인의 결합, 즉 원가족과의 진정한 결별에 가깝다면 한국에서의 결혼은 부계제도로의 편입이라는 점에서 그 의미가 다르다. 결혼식을 준비하는 순간부터 '아내 되기'를 강요받는다. 많은 여성들에게 그렇게 상상되는 결혼이 신나게 느껴질 리 없다. 우리에게 결혼은 단순히 새로운 가족을 구성하는 일이라기보다는 가부장제 규칙들의 더미를 받아들이는 일이기에, 비혼은 혼자 살기에 대한 적극적 의사라기보다는 결혼 기피에 따른 대안적 선택에 가깝다.

그래서 나는 열심히 살고자 노력한다. 가진 것 없는 나도 기댈 수 있는 게 나의 능력밖에 없다. '열심히'라는 말을 그다지 좋아하지 않으면서도 그 말을 많이 사용한다는 것을 자각할 때면 깜짝깜짝 놀라곤 한다. 그리고 점점 일중독자가 되어가고 있다. 꺼지지 않는 내 노트북처럼 내 머리를 스물네 시간 켜놓고 있다. 연구를 하다가 풀리지 않는 지점이 있을 때면 깊은 잠을 자지 못한다. 간신히 선잠에 들었다가도, 문득 떠오르는 생각에 벌떡 일어나 컴퓨터 앞에 앉은 적도 많다. 열심히 살기 위해서, 성과를 내기 위해서 내 몸을 돌봐야 한다는 사실을 그 누구보다 잘 알고 있지만 뜻대로 되지 않는다.

이렇게 적어놓으니 마치 수도승처럼 일과 잠만을 오가며 사는 듯 보이지만 전혀 그렇지 않다. 머리를 꺼놓지 못하는 탓에, 나는 종종 열에 시달리며 역류성 식도염을 달고 산다. 아침에 눈을 떠 무거운 몸을 직감할 때면 며칠 동안 누워서 아무것도 하지 못한다. 그런 날들을 포함하면, 내가 일에만 매달린다는 표현은 과분한 걸지도 모르겠다. 아무것도 할 수 없을 것 같은 아침이면 '내가 아픈 것인지 공부가 하기 싫어 아픈 척하는 것인지' 진지하게 고민한다. 조금이라도 몸이 괜찮다 싶어지면 컴퓨터 앞으로 가 글을 읽는다. 하지만 늘상 결과는 똑같다. 몸은 늘어지고, 글은 눈에 들어오지 않는다.

그런 날이 며칠 반복되고, 일주일이 넘어가면, 나는 우울증의 기로에 서 있는 나 자신을 발견한다. 나태한 나 자신에 대한 걱정과 뒤처지고 있다는 불안은 날개를 달고 내 마음속을 날아다닌다. 무슨 이유에선지, 그런 날이면 내가 다른 사람들에게 했던 말들이 하나하나 상기되면서 더욱더 구렁텅이에 빠진다. 그리고 가끔은 평생 동안 이런 감정에 시달려야 하는지 스스로에게 질문한다. 언제쯤이면 걱정 없이 살 수 있을까. 언제쯤이면 아무런 생각 없이 살 수 있을까. 아침에 눈을 뜨고, 아무런 걱정 없이 일을 하고, 돌아와 저녁을 먹고, 맥주를 마시며 하하 호호 내일을 기대하는 일상이 가능하기는 할까.

하지만 나는 동시에 사회의 문제를 나의 문제로 여기지도 않는다. 나도 불합리한 관행을 경험하고 목도한다. 나라고 그런 경험이 없겠는가. 공개되는 지면에 공개적으로 논할 만큼 자신은 없지만 나에게도 그런 일들이 일어나고, 반복된다. 그럴 때면 무기력함을 느끼지 않기 위해 할 수 있는 일을 찾는다. 어떤 방식으로 문제를 제기할 수 있는지 찾고, 그러한 선택이 어떠한 결과를 불러올지 예측한다. 간혹 그러한 계산이 서지 않을 때면 주위 사람들에게 경험을 공유하며 머리를 맞댄다. 그럼에도 불구하고 할 수 있는 일이 없을 때, 나는 깔끔히 포기한다. 나는 나를 탓하지 않는다. 억울하긴 하지만 어쩔 수 없다고 생각한다. 억울함을 뒤로 미루고, 다시 같은 일을 겪지 않기 위해 머리를 굴린다.

우리는 상황을 변화시킬 수 있다. 비록 세상을 뒤엎진 못한다 하더라도, 최소한 내가 발 딛고 있는 세상이 어떤 세상인지 인식함으로써 우리는 우리의 시야를 넓힐 수 있다. 그리고 좁게는 내가 싫어하는 행동을 타인에게 하지 않음으로써, 넓게는 세상과 융화되기를 거부함으로써 우리는 행동할 수 있다. 앎은 아픔이지만, 아픔은 우리를 단단하게 한다. 나의 경험을 두고 혼자서는 생각지 못했던 친구의 분석에 감탄한 적이 있는가. 사건의 당사자는 많은 문제들에 내몰리느라 시야가 좁아질 수밖에 없다. 문제 밖에서 문제를 바라보는 사람이 제시할 수 있는 새로운 해답이 있다. 그리고 이는 우리도 서로에게 할 수 있는 일이다.

많은 사람들에게 가족은 '어찌할 수 없는 문제'로 여겨진다. 이는 한국사회가 가족 바깥의 삶을 존재하지 않는 것처럼 생각하게 만들기 때문이다. 사람들은 입버릇처럼 부모와의 연은 끊을 수 없다고 말한다. 부모가 죽고 나면 후회할 것이라 장담한다. 그래서 우리가 할 수 있는 많은 부분들이 사라진다. '딸은 이럴 것이다', '딸은 이래야 한다'는 기대 속에서 우리는 이를 어쩌지 못해 죽어간다. 아버지는 특히 딸들이 자신이 원하는 대로 살아주기를 바란다. 사회적으로 성공을 이루고, 좋은 남자를 만나 결혼하여, 자신들의 노후를 살뜰하게 돌보기를 바란다. 이를 거부하는 과정에서 우리는 많은 스트레스를 받는다. 거기서 그치면 그나마 다행이다. 이 책에서 보았듯, 세상에는 자신이 원하는 대로 행동하지 않는다는 이유로 자녀를 비난하고 무시하는 아버지들도 있다.

그럼에도 우리는 우리의 삶을 살 수 있다. 아니, 살아야 한다. 우리에게는 우리를 힘겹게 하는 것으로부터 벗어날 자유가 있다. 지금 당장 그러한 독립이 어렵다 하더라도, 우리는 그 목표를 향해 나아갈 수 있다. 그리고 당신에게 상처를 주는 가족의 존재를 그 자체로 받아들여야 한다. 이해하라는 의미가 아니다. 그저 당신에게 지독한 상처를 주는 부모가 있다는 그 사실 자체를 받아들이면, 상황은 단순해진다. 당신이 해야 할 일은 그들과 거리를 두는 것뿐이다. 당신이 거리를 둔다고 해서 당신의 가족은 해체되지 않는다. 해체된다면, 그 또한 그들의 몫이다. 당신이 헌신한 가족의 평화는 일시적일 뿐이다. 그리고 그러한 평화는 사실 가짜다. 당신은 행복하지 않은 행복을 당신이 유지할 필요는 없다. 아무리 열심히 노력한들 모든 걸 바꿀 순 없다. 순응하거나 빠져나오거나, 때로는 이분법이 명쾌한 법이다. 잠시만이라도 거리를 두어 당신의 존재에 익숙해진 가족들을 변화시켜야 한다. 이것이 바로, 내가 심리 상담을 통해 깨달은 사실이다.

나는 여성들이 더 이상 참지 않는 삶을 살기를 바란다. 우리는 아주 어렸을 때부터 자기주장을 하기보다 주어진 분위기에 순응하라는 요구를 받아왔다. 그래서 우리는 거부하는 법을 잘 모른다. 거부할 때마다 나 때문에 다른 사람들이 기분 나쁘지는 않을지 생각한다. 상대방이 나의 말을 듣지 않으면 낙담하고 만다. 그러고는 '좋은 게 좋은 거지'라는 생각으로 자신을 속이면서 상대의 요구를 들어준다. 그러나 이러한 상황이 당신을 병들게 한다. 어디서든, 우리는 너무나 많은 인내를 보여왔다. 인내하지 않아도 된다. 화를 내라는 의미가 아니다. 싫은 걸 싫다고 말함으로써 우리는 분위기를 파괴하고 우리에게 주어진 의무를 던져버릴 수 있다.[1] 우리는 좀 더 자신감을 갖고 스스로를 믿어야 한다. 모든 건 당신의 탓이 아니다. 당신의 탓이라고 여기는 그 모든 것 중에서 아주 조금만이 당신의 몫이다.

이 책을 쓰면서 언제나 그렇듯 많은 사람의 도움을 받았다. 우선, '나'라는 존재의 정박지가 되어주는 소기와 엄마가 있어 무사히 연구를 진행할 수 있었다. 덧붙여 《한국여성학》 심사위원분들께도 감사를 전한다. 부족한 연구에 보태진 선생님들의 냉철한 평가는 연구를 발전시키는 과정에서 큰 도움이 되었다. 또한 늘상 나의 연구에 관심을 주시며 여성학적 시각을 예리하게 다듬어주시는 김은실 선생님과 부족한 사회학적 지식을 채워주시는 김영미 선생님께 감사드린다. 항상 곁에서 응원해주시는 박인숙 선생님, 연구가 방향을 찾지 못할 때마다 지친 나를 다독이며 의견을 제시해주시는 최수영 선생님께도 늘 감사하다. 김주희 선생님께서는 원고에 대한 코멘트와 함께, 급한 일정에도 불구하고 내게 과분한 추천사를 써주셨다. 감사하다. 그리고, 길거리를 헤매던 그때, 나를 우울에서 구해준 친구들에게도 고맙다는 인사를 전하고 싶다. 특히 고민을 나눌 때마다 곁에서 누구보다 적나라하게 나를 비판하여 웃음을 선사하는 친구 민열은 내 인생의 값진 선물이다. 언제나 민열의 냉철한 평가에 빚지고 있다. 최근 고민 많은 나를 상대하며 나의 '노력' 타령에 힘들었을 보민에게도 심심한 위로를 전한다. 나를 불안에서 건져주는 당신들 덕분에 여기까지 올 수 있었다. 모두에게 감사하다.

마지막으로, 어느 때건 이야기를 하고 싶은 누군가가 있다면 저자 소개에 적힌 나의 메일로 당신의 이야기를 들려주기를 바란다. 나는 항상 다른 사람의 삶이, 그 풍경이 궁금하다. 나는 당신을 기다리고 있다.

이 부록은 질적연구를 수행하는 연구자들을 위해 작성했다. 질적연구는 연구자의 위치, 입장, 판단이 많은 영향을 미치는 연구이지만, 학술지에 연구를 게재하다 보면 분량의 한계로 그 과정을 생략하거나 축약하게 되어 인터뷰를 처음 하거나 익숙하지 않은 연구자들이 많은 어려움을 겪곤 한다. 나 또한 그 과정을 거쳐왔고, 연구서들의 부록을 활용하거나 선배 연구자들에게 조언을 구하는 방식으로 나의 연구를 기획해왔다. 이 부록은 내게 도움을 준 선배 연구자들의 노고에 보답하는 마음에서, 질적연구를 시작하는 연구자들에게 조금이나마 도움이 되기를 바라며 썼다. 만약 더 많은 궁금증이 있는 연구자가 있다면, 저자 소개에 적힌 메일을 이용해주길 바란다.

자살이라는 행위의 특성으로 인해 그간 자살에 대한 연

구는 통계를 활용하는 양적연구를 통해 주로 진행되어왔다.[1] 일단 자살은 행위가 이루어지고 나면 당사자를 대상으로 그 이유를 파악하기 힘들다. 연구자가 확인할 수 있는 자료는 유서나 주변인의 증언과 같은 2차 자료에 한정되기 때문에 접근이 매우 어려워진다. 게다가 자살자 본인의 동의를 얻을 수 없는 상황에서 2차 자료를 연구에 이용하는 건 윤리적 문제를 야기할 수 있다.

그래서 본 연구는 자살생각으로 범위를 넓혔다. 이론적으로 자살생각은 실제 자살시도의 진입 단계로, 연구 참여자 모집 과정에서의 접근성을 고려했을 때 적절하다고 판단했다. 내가 연구 참여자라고 가정했을 때, 자살시도 경험보다는 자살생각을 묻고자 하는 연구에 더 쉽게 지원할 수 있을 것 같았다. 물론 우리 모두는 중차대한 인생의 시련을 겪었을 때 한번쯤 '죽고 싶다'는 생각을 하기에 일시적인 심리적 반응과 지속적인 자살생각을 구분할 필요가 있었지만 참여자를 모집하는 과정에서는 이를 판단하지 않기로 했다. 인터뷰를 진행하면서 참여자들의 이야기를 들으면 판단할 수 있으리라 생각했기 때문이다. 우선은 나의 경험상 자살생각을 낯모르는 타인에게 말하고 싶다고 느낄 정도라면 자살생각이 지속되고 있는 경우일 확률이 높다. 자살생각의 빈도가 늘어나고 우울증이 심화될수록 주변인들은 심리적 안전망을 제공하기 위해 노력하지만 그러한 노력이 지속될수록 당사자는 주변인들의 도움에도 자신의 상태가 나아지지 않는다는 데 절망을 느끼게 되며 상대에 대한 미안한 마음에 오히려 점점 거리를 두게 된다. 주변인들 또한 언제까지 지속될지 모르는 타인의 감정적 문제에 자신 또한 마모되기에 상대와 일정 부분 거리를 두게 된다. 쉽게 말해, 나의 경험을 말할 사람도 사라지고 나의 경험을 말하고 싶은 마음도 사라지게 되는 것이다. 그래서 나처럼 먼 거리에 있는, 자신의 일상에 개입될 수 없는 사람에게 오히려 편하게 자신의 이야기를 터놓을 수 있으리라 예상했다.

연구 참여자들의 나이는 1990년대 이후 출생을 기준으로 삼았다. 처음으로 청년여성의 자살률 증가에 주목하고 문제를 제기했던 한겨레 다큐멘터리 '조용한 학살'의 부제가 '90년대생이 사라지고 있다'였기 때문이다. 연구 참여자 모집은 온라인 커뮤니티 '여성시대'에서 이루어졌다. 자살생각이라는 자칫 민감할 수 있는 연구 주제의 특성상 다소 폐쇄적인 커뮤니티에서 모집하는 것이 연구자와 참여자 간의 신뢰를 높일 수 있다고 판단했다. 이미 알려져 있듯, 여성시대는 여성만이 가입할 수 있는 곳으로, 가입 시 자신의 신분증을 촬영해 여성임을 인증해야 한다. 연구 참여자를 모집하는 공고에는 연구자에 대한 신뢰를 가질 수 있도록 나에 관한 정보를 기재해두었다. 연세대학교 사회학과의 경우 인터넷 홈페이지를 통해 재학 중인 대학원생의 이력을 열람할 수 있도록 하고 있어, 이 연구에 관심 있는 사람들이 나의 석사논문과 이력을 확인할 수 있도록 연구자 소개에 해당 사이트 주소도 함께 기재해놓았다. 이 덕분에 참여자들이 나에 대해서 어느 정도 신뢰할 수 있었으리라 생각된다.

인터뷰는 2021년 7월부터 2022년 2월까지 약 7개월간 진행되었다. 총 21명의 참여자들을 인터뷰했다. 특이한 점은 전부 비중산층이 모집되었다는 점이다.* 부모가 소유한 자산의 규모뿐만 아니라 계급재생산 과정에서 동반되는 중산층적 실천을 관찰할 수 없었다는 점에서 연구 참여자 모집에 지원한 사람들은 모두 비중산층이었다. 대부분의 참여자들은 유년 시절부터 '돈이 없다' '아껴 써야 한다'는 부모의 말을 자주 들었으며, 자신의 몫으로 물려받을 자산이 없었다. 또한 중산층의 계급재생산 과정에서 동반되는 집중 양육의 흔적을 찾아볼 수 없었다. 집중 양육을 하기에는 부모 둘 모두 너무 바빴거나, 어머니가 전업주부라 하더라도 가사노동에만 치중했으며, 부족한 사회자본으로 인해 대학 진학이나 취업 과정에서 자신의 사회자본을 활용해 정보를 선점하고 이를 자녀에게 제공하는 중산층 부모들의 실천을 모방할 수조차 없었다. 대학입시 과정에서 이들의 부모는 적극적으로 의견을 제시하는 중산층 부모와 달리 자녀의 선택을 존중하거나 자신이 판단한 좋은 삶으로 자녀가 따르기를 강요했다. 간호사나 보육교사와 같이 여성다움을 나타내는 성별화된 직종을 위한 전공 선택을 부추겼다.

---

* 이러한 모집 결과는 자살생각에 계급적 경향이 존재함을 의미할 수도 있지만, 단순히 중산층 여성들이 인터뷰를 원하지 않는 것일 수도 있다. 이에 대해서는 후속 연구가 필요하다.

이 연구는 기획 당시부터 비대면 인터뷰로 계획했다. 코로나19가 상당한 위협을 끼치는 시기여서 외부 장소에서의 모임 자체가 권고되지 않았고, 자살생각이라는 주제의 특성상 비대면 인터뷰가 적합하다고 판단했기 때문이다. 모르는 사람과 낯선 공간에서 얼굴을 맞대고 자살에 대한 자신의 생각을, 우울을, 그리고 삶을 내보일 수 있는 사람이 몇이나 될까. 자살을 생각했던 당시의 나라면 약속을 잡는다 하더라도 약속 장소에 나가기까지 큰 결심이 필요할 것 같았다. 참여자의 얼굴을 보고, 같은 공간에서 감정을 읽고, 라포를 형성하는 대면 인터뷰의 장점은 본 연구에서 오히려 해가 될 수 있었다. 나는 낯선 장소에서 낯선 사람과의 대화로 진행되는 대면 인터뷰 방식이 이 연구에서는 오히려 부담감으로 작동해 참여자들의 발화를 가로막을 수 있다고 판단했다.

연구를 진행하면서 비대면 인터뷰에는 미처 예상하지 못했던 몇 가지 장점이 있다는 사실도 알게 되었다. 우선, 공간적 제약에서 벗어날 수 있었다. 나는 지역을 초월할 수 있었다. 대개 인터뷰는 연구자의 지리적 위치에 한정되는 경향이 있다. 물론 연구 주제가 특수하여 연구 참여자를 쉽게 만날 수 없는 경우에는 연구자들이 지방으로 직접 이동하기도 하지만 대체로 연구자들이 서울 근교에 거주하고 있어 이동시간, 비용 등의 문제로 수도권이 그 마지노선으로 여겨진다. 비대면 인터뷰는 참여자가 어디에 사는지와 관계없이 이루어질 수 있었고, 그 덕분에 비수도권, 특히 경상도와 전라도에 거주하고 있는 여성들과도 만날 수 있었다.

게다가 비대면 인터뷰는 참여자가 원하는 가장 안전한 공간을 확보할 수 있었다. 대형마트 캐셔 노동자들을 연구한 《시간을 빼앗긴 여자들》을 집필할 때 나는 노동자들의 거주지 근처 카페에서 인터뷰를 진행했다. 중년여성들의 경우 청년여성들에 비해 자신의 이야기를 타인이 듣는 것에 그다지 신경을 쓰지 않아 당시에 인터뷰 장소는 큰 문제가 되지 않았다. 그러나 이번에는 달랐다. 연구 주제의 특성상 나는 이들의 생애에 관한 전반적인 질문을 던지고 그 답을 들어야 했다. 청년여성들은 특히나 프라이버시에 민감하고, 여성의 몸에 대한 (기술을 동반한) 성적 폭력에 직간접적으로 노출된 경험이 많아 이들의 솔직한 이야기를 끌어내기 위해서는 안전한 공간을 찾아야만 했다. 만약 이 연구를 대면 인터뷰로 진행했다면 공간을 확보하는 데 애를 먹었을 테지만, 비대면 인터뷰는 모든 참여자들이 가장 안전하다고 느낄 자신의 방에서 나와 만날 수 있었고 그들은 솔직하게 자신의 모든 경험을 기꺼이 나누어주었다.

또한 참여자들은 비대면 인터뷰의 물리적 거리로 인해 보다 직접적으로 자신의 감정을 해소할 수 있었다. 처음에는 웃으며 진행되던 인터뷰도 시간이 지나면서 눈물을 동반하곤 했다. 타인에게 눈물을 보이는 걸 부끄럽게 여기는 문화 속에서 생판 처음 만난 사람 앞에서 편하게 울 수 있는 사람은 없을 것이다. 그러나 우리 사이에 놓인 물리적 거리는 이를 보다 편하게 만들어주었다. 참여자들은 때때로 카메라를 끄고 혼자만의 시간을 가질 수 있었다. 나 또한 보다 편하게 그들을 기다릴 수 있었다.

이러한 비대면 인터뷰의 장점 덕분에 참여자들과 나는 보다 깊은 라포를 형성할 수 있었다. 인터뷰는 보통 세 시간가량 진행되었지만, 자주 이 시간을 넘기곤 했다. 인터뷰가 끝날 때쯤이면 나는 늘 참여자들에게 궁금한 게 있는지 물었다. 질문의 권력을 분배하기 위함이었다. 내가 언젠가 이미 썼듯 물음은 권력을 동반한다.[2] 물음에 답하는 사람이 됨으로써 나는 연구라는, 인터뷰라는 권력의 비대칭성을 조금이나마 해소하고자 했다. 청년여성들은 이 연구를 왜 하는지 궁금해하기도 했지만, 자신과 유사한 상황에 처한 여성들이 많은지도 궁금해했다. 나는 참여자들에게 구체적인 상황 자체는 다를지라도 근본적으로는 매우 유사한 문제를 겪고 있는 다른 여성들에 대한 이야기를 들려주었고, 많은 여성이 자신과 비슷한 사람이 많다는 사실에 놀라면서도 위안을 얻는 것처럼 보였다.*

지극히 개인적이라고 생각했던 경험이 사실은 개인적이지 않

＊ 20명가량의 여성들을 인터뷰한 뒤 그 정도에서 인터뷰를 그만하기로 결정한 까닭 또한 이들이 처한 상황이 상당히 유사해 더 이상의 연구 참여자를 모집하는 게 큰 의미가 없을 것이라 판단했기 때문이다. 많은 사람들이 질적연구에서의 사례자 수가 어떻게 정해지는지 궁금해한다. 질적연구에서 그 지점은 명확하지 않다. 언제나 임계점으로 판단된다. 유사한 상황에 처한 참여자들이 많아 더 이상 참여자들의 상황이 특별하게 느껴지지 않을 때, 연구를 위한 사례의 수는 결정된다.

다는 단순한 사실에 위로를 받았던 것이다.

이후의 분석은 다음의 과정을 통해 이루어졌다. 나는 인터뷰 녹취록을 10회 이상 반복적으로 독해한 후 각각의 참여자들이 자신들의 자살생각에서 중심적인 사건으로 서사화한 생애사건들을 코딩했다. 이 과정이 생각보다 지난해서 연구가 늦어지는 결과를 초래했다. 그 어느 때보다 힘든 여정이었다. 이후 나는 각각의 코딩들을 분류해 그룹화했고, 그 결과 노동, 가족, 돌봄이라는 세 가지 주제가 식별되었다. 그리고 다시 이 주제들을 중심으로 개념도를 만들어 각각의 사건들과의 관계를 분석하고자 했다. 각각의 위험들은 연구자의 판단이 아니라 참여자가 인식한 자신의 위험을 중심으로 분류했다. 예를 들어, 어떤 참여자가 다른 참여자의 가족위험과 유사한 위험을 경험하고 있다 하더라도 본인이 이를 '위험'이라 인식하지 않는 경우 자살생각을 구성한 위험들에서 제외했다. 이는 자살생각이 개별적 위험의 교차 속에서 발생하기는 하지만, 개인의 생애 인식과 서사화에 따라 자살생각의 여부 또한 달라질 수 있다는 것을 반영하기 위함이었다.

인터뷰를 분석하는 과정에서 두 명의 연구 참여자를 제외하기로 결정했다. 이들의 자살생각이 일시적일 수 있다고 판단했기 때문이다. 첫 번째 참여자는 시험에서 떨어진 후 잠시 자살생각을 했지만 지금은 아니라고 답했고, 실제로도 자살생각에 시달리는 것 같지 않았다. 다른 참여자들에 비해 인터뷰를 진행하는 내내 진지한 모습을 보이지 않았다. 또 다른 참여자는 재수를 하고 있는 여성이었는데, 입시라는 특수한 시기를 고려해 제외했다. 한국에서 대학입시는 사회적 성공을 향한 첫 단계라고 여겨지기에, 많은 수험생들이 압박감 속에서 자살생각을 한다. 나는 두 경우 모두 시험이라는 특정 상황을 앞둔 일시적인 자살생각일 수 있다고 판단했다.

　마지막으로, 질적연구를 수행하며 질문을 구성하는 과정에서 어려움을 겪을 수 있는 연구자들을 위해 실제 인터뷰에 사용한 질문지를 원문 그대로 첨부한다. 이 연구는 반구조화 인터뷰였기에 질문지는 큰 부분으로 구성되어 있다. 해당 질문지를 기준으로 나는 참여자의 서사에 맞춰 추가적인 질문을 그때그때 생각해냈다. 주로 '왜 그렇게 생각하는지'와 언급한 이야기가 '사실'인지 하나의 '해석'인지를 중심으로 질문했다. 인터뷰는 설문조사가 아니기에 연구자는 인터뷰 과정에서 참여자들과 소통하면서 그에 맞는 의문을 질문화할 수 있어야 한다. 적은 질문으로도 우리는 양질의 인터뷰를 수행할 수 있으며, 그런 인터뷰야말로 성공적인 인터뷰가 될 수 있다. 관찰자가 누구인지와 관계없이 동일한 결과를 도출해야 한다고 여겨지는 양적연구와 달리, 질적연구는 관찰자에 따라 상이한 분석 결과가 도출될 수 있다. 이것이 질적연구의 매력이다. 양적연구가 범람하는 세상에서 질적연구의 새로운 기준을 발굴하는 연구자가 되기를, 우리가 그러한 사람이 되기를 나는 바란다.

1. 생애 배경

① 지금까지 어떻게 살아오셨는지

② 지금 하시는 일은 무엇인가요?

③ 과거로 돌아가고 싶을 때가 있나요? 언제인가요?

2. 자살생각

① 최근에 진지하게 자살을 생각한 적이 언제이고,
   얼마나 자주 생각하는 것 같나요?

② 실제로 자살을 시도하신 적이 있으실까요? 왜?

③ 죽고 싶다는 생각이 드는 이유는 무엇일까요?

3. 취업 관련

1) 미취업자

① 어떤 분야로 취업을 준비하시고 계신가요?

② 취업을 준비하면서 어렵다고 느꼈던 지점은?

③ 혹시 아르바이트를 하고 계시나요? 어떤 일을 하시나요?

④ 취업을 하지 못해서 힘든 점은?

⑤ 받고 싶은 월 급여는?

2) 취업자

① 취업을 얼마나 준비하셨나요?

② 취업을 하면서 좌절감을 느꼈던 적이 있나요?

③ 지금 하시는 일은 어떤가요?

④ 받고 싶은 월 급여는?

4. 가족 관련

① 가족의 분위기는 어떤가요? 가족들과의 관계는 어떤지요?

② 가족 중에서 누가 제일 편한가요? 편한 이유는?

③ 가족 중에서 누가 제일 불편한가요? 불편한 이유는?

④ 가족이 힘들다고 느꼈던 때가 있나요? 왜였나요?

⑤ 최근 가족과 싸운 적이 있나요? 어떤 일 때문이었나요?
   그 과정에서 ○○씨는 기분이 어떠셨나요?

⑥ 집안일은 누가 하나요? 여기에 만족하나요?

5. 여성시대

① 여성시대는 어떻게 가입을 하게 되었는지?

② 페미니즘에 대해 어떻게 생각하는지?

③ 페미니즘이 어떻게 자신의 삶을 변화시켰는지?

6. 결혼

① 결혼을 할 계획인지?

② 자녀를 가질 생각인지

프롤로그

1 〈South Korea's suicide rate fell for years. Women are
   driving it up again〉, *The Economist*, 2023. 5. 22. https://
   www.economist.com/graphic-detail/2023/05/22/south-
   koreas-suicide-rate-fell-for-years-women-are-driving-it-up-
   again

2 장숙랑·백경흔, 〈청년여성의 자살 문제〉, 사회건강연구소, 2019.

3 박혜경, 〈우울증의 '생의학적 의료화' 형성 과정〉, 《과학기술학연구》
   12(2), 한국과학기술학회, 2012, 117~157쪽.

4 이현정, 〈세월호 참사와 사회적 고통: 표상, 경험, 개입에 관하여〉,
   《보건과 사회과학》 43(1), 한국보건사회학회, 2016, 63~83쪽.

5 Stuart Hall and Alan O'shea, "Common-sense neoliberalism",
   Soundings 55(55), 2013, pp.9~25.

6 프랑코 '비포' 베라르디, 《죽음의 스펙터클》, 송섬별 옮김, 반비,
   2016.

7 파울 페르하에허, 《우리는 어떻게 괴물이 되어가는가》, 장혜경 옮김,
   반비, 2015.

8 E. S. Cutler, "Listening to those with lived experience", *Critical psychiatry*, Springer, 2019, pp.179~206.

9 같은 글.

10 John F. Helliwell, "Well-being and Social Capital: Does Suicide Pose a Puzzle?", *Social Indicators Research* 81, Springer, 2007, pp.455~496.

11 Sean Joe and Mark S. Kaplan, "Suicide among African American Men", *Suicide and Life-Threatening Behavior* 31.Supplement to Issue 1, 2001, pp.106~121.

12 Anne Cleary, *The Gendered Landscape of Suicide*, Palgrave Macmillan, 2019.

13 Wu Fei, *Suicide and Justice*, Routledge, 2009.

14 하르트무트 로자, 《소외와 가속》, 김태희 옮김, 앨피, 2020.

15 프랑코 '비포' 베라르디, 《죽음의 스펙터클》, 송섬별 옮김.

1장 | 가족위험: 계급재생산의 열망과 강압적 통제

1 이연호, 《불평등발전과 민주주의》, 박영사, 2013, 280~311쪽.

2 김도균, 《한국 복지자본주의의 역사》, 서울대학교출판문화원, 2018.

3 김민호·조민효, 〈빈곤 노인의 노동시장 이행에 관한 연구〉, 《한국행정논집》 31(3), 한국정부학회, 2019, 499~524쪽.

4 최시현, 《부동산은 어떻게 여성의 일이 되었나》, 창비, 2021.

5 박소진, 〈'자기관리'와 '가족경영'시대의 불안한 삶: 신자유주의와 신자유주의적 주체〉, 《경제와사회》, 비판사회학회, 2009, 12~39쪽.

6 박미연·차경욱, 〈자녀학령기 가계의 노후준비자금과 사교육비 지출에 관한 연구〉, 《Financial Planning Review》 1(1), 한국FP학회, 2008, 131~156쪽.

7 이신용, 〈복지국가는 사교육 과잉 문제를 풀 수 있나〉, 《한국콘텐츠학회논문지》 18(3), 한국콘텐츠학회, 2018, 172~182쪽.

8 주지영, 〈목소리로 만난 위기의 청년들〉, 김현수·이현정·장숙랑·이기연·주지영·박건우, 《가장 외로운 선택》, 북하우스, 2022, 205~236쪽.

9 Evan Stark and Marianne Hester, "Coercive Control: Update

and Review", *Violence Against Women* 25(1), 2019, pp.81~104.;
허민숙, 〈"폭력이 있었던 것은 아니지만…": 친밀한 관계에서의
강압적 통제와 가정폭력 재개념화를 위한 연구〉, 《페미니즘 연구》
12(2), 한국여성연구소, 2012, 69~103쪽에서 재인용.

10 Kathryn Libal and Serena Parekh, "Reframing Violence Against
Women as a Human Rights Violation: Evan Stark's Coercive
Control", *Violence Against Women* 15(12), 2009, pp.1477~1489.;
허민숙, 〈"폭력이 있었던 것은 아니지만…": 친밀한 관계에서의
강압적 통제와 가정폭력 재개념화를 위한 연구〉, 《페미니즘 연구》
12(2), 69~103쪽에서 재인용.

11 허민숙, 〈"폭력이 있었던 것은 아니지만…": 친밀한 관계에서의
강압적 통제와 가정폭력 재개념화를 위한 연구〉, 《페미니즘 연구》
12(2), 69~103쪽.

2장 | 돌봄위험: 가부장적 가족이 착취하는 '딸'의 시간

1 최윤진·김고은, 〈영 케어러(Young Carer)의 돌봄 경험에 대한
탐색〉, 《청소년학연구》 29(11), 한국청소년학회, 2022, 155~184쪽.

2 선미정·장정은·김진영, 〈가족돌봄청년(영 케어러: Young Carer)의
일상생활에 관한 질적 사례연구〉, 《미래사회복지연구》 13(3),
한국사회복지실천연구학회, 2022, 33~67쪽.

3 이민아, 《여자라서 우울하다고?》, 개마고원, 2021.

4 신지민, 〈현관문 옆방은 K-장녀 방이다〉, 《한겨레21》, 2020. 7.
19. https://h21.hani.co.kr/arti/society/society/48982.html
(최종검색일: 2023년 12월 13일)

3장 | 노동불안정: 미래 없는 노동

1 황수경, 〈내부자(Insiders) 노동시장과 외부자(Outsiders)
노동시장의 구조 분석을 위한 탐색적 연구〉, 《노동정책연구》
3(3), 한국노동연구원, 2003, 49~86쪽. 황수경은 본 글에서
외부노동시장이 직무급의 적용을 받는다고 서술하였으나, 현재

한국사회에서 외부노동시장은 대부분 직무급이 아닌 표면적으로는
직능급의 적용을 받기에 직무급을 직능급으로 바꿔 기술하였다.
중소규모 기업은 대체로 임금체계 자체가 없어 직무 분석에 기반한
급여를 지급할 수 없다. 직능급 또한 표면적인 것에 불과한데, 소규모
기업에서는 성과 측정을 하지 않고 매년 회사의 상황에 맞추어
노동자의 급여를 산정한다.

2   사명철, 〈우리나라 노동시장 내 성별 직종분리의 변화〉,
     《노동정책연구》 15(4), 한국노동연구원, 2015, 1~24쪽.

3   김영미·차형민, 〈분리와 차별의 장기지속: 분절노동시장 내
     성별직종분리와 남녀임금격차 추이 분석〉, 《한국사회학회
     사회학대회 논문집》, 한국사회학회, 2016, 490~502쪽.

4   조수철·김영미, 〈한국 노동시장 내 직종의 여성화와 성별 임금격차:
     가치절하 기제의 성별화된 임금효과〉, 《산업노동연구》 26(3),
     한국산업노동학회, 2020, 83~322쪽.

5   Paula England, Paul Allison, and Yuxiao Wu, "Does bad pay
     cause occupations to feminize, Does feminization reduce pay,
     and How can we tell with longitudinal data?", *Social Science
     Research* 36(3), 2007, pp.1237~1256.

6   김영미, 〈분절 노동시장에서의 젠더 불평등의 복합성: 중심부와
     주변부에서 나타나는 여성차별의 차이〉, 《경제와사회》 106,
     비판사회학회, 2015, 205~237쪽.

7   정현주, 〈최저임금도 못 받고 희생 강요당하는 보육 교사들〉,
     《오마이뉴스》, 2021. 3. 22. https://www.ohmynews.com/
     NWS_Web/View/at_pg.aspx?CNTN_CD=A0002728618&CMPT_
     CD=P0010&utm_source=naver&utm_medium=newsearch&ut
     m_campaign=naver_news (최종검색일: 2023년 12월 13일)

8   조순경, 〈여성 비정규직의 분리직군 무기계약직 전환과 차별의
     논리〉, 《한국여성학》 24(3), 한국여성학회, 2008, 5~40쪽.

9   이주희, 〈직군제의 고용차별 효과: 금융산업을 중심으로〉,
     《경제와사회》 80, 비판사회학회, 2008, 165~194쪽.

10   조경숙, 《액세스가 거부되었습니다》, 휴머니스트, 2023.

11   피에르 다르도·크리스티앙 라발, 《새로운 세계합리성》,
     오트르망(심세광·전혜리) 옮김, 그린비, 2022.

12   리처드 세넷, 《신자유주의와 인간성의 파괴》, 조용 옮김, 문예출판사,

2002.

13 미셸 푸코, 《생명관리정치의 탄생》, 오트르망(심세광·전혜리) 옮김, 난장, 2012.

14 케이시 윅스, 《우리는 왜 이렇게 오래, 열심히 일하는가?》, 제현주 옮김, 동녘, 2016.

15 앤 헬렌 피터슨, 《요즘 애들》, 박다솜 옮김, 알에이치코리아, 2021.

16 에바 일루즈·에드가르 카바나스, 《해피크라시》, 이세진 옮김, 청미, 2021.

4장 | 노동시장의 성차별: 평등한 일터는 어디에

1 류석우, 〈취준생 울리는 부트캠프 '부실 성장'은 누구 책임인가〉, 《한겨레21》, 2023. 5. 18. https://h21.hani.co.kr/arti/society/society_general/53872.html (최종검색일: 2023년 12월 13일)

5장 | 불공정: 그러나 '노력 부족'을 말하는 여성들

1 에바 일루즈·에드가르 카바나스, 《해피크라시》, 이세진 옮김.

2 마이클 샌델, 《공정하다는 착각》, 함규진 옮김, 와이즈베리, 2020.

3 엄혜진, 〈성차별은 어떻게 '공정'이 되는가?: 페미니즘의 능력주의 비판 기획〉, 《경제와사회》 132, 비판사회학회, 2021, 47~79쪽.

4 Joseph Berger, Bernard P. Cohen, and Morris Zelditch Jr., "Status characteristics and social interaction", *American Sociological Review* 37(3), American Sociological Association, 1972, pp.241~255.

5 Cecilia L. Ridgeway and Kristan Glasgow Erickson, "Creating and Spreading Status Beliefs", *American Journal of Sociology* 106(3), The University of Chicago Press, 2000, pp.579~615.; Murray Webster Jr. and Martha Foschi, *Status generalization: New theory and research*, Stanford University Press, 1988.

6 Martha Foschi, Larissa Lai, and Kirsten Sigerson, "Gender and Double Standards in the Assessment of Job Applicants", *Social*

Psychology Quarterly, American Sociological Association, 1994, pp.326~339.

7   Cecilia L. Ridgeway and Shelley J. Correll, "Unpacking the Gender System: A Theoretical Perspective on Gender Beliefs and Social Relations", *Gender & Society* 18(4), Sage Publications, Inc., 2004, pp.510~531.

8   Lin Bian, Sarah-Jane Leslie, and Andrei Cimpian, "Evidence of Bias Against Girls and Women in Contexts that Emphasize Intellectual Ability", *American Psychologist* 73(9), American Sociological Association, 2018, p.1139.

9   Deborah J. Vagins, "Occupational Segregation and The Male-Worker-Norm: Challenging Objective Work Requirements under Title VII", *Women's Rts. L. Rep* 18, 1996, p.79.; Lillian MacNell, Adam Driscoll, and Andrea N. Hunt, "What's in a Name: Exposing Gender Bias in Student Ratings of Teaching", *Innovative Higher Education* 40, Springer, 2015, pp.291~303.

10 Shelley J. Correll, "SWS 2016 Feminist Lecture, Reducing Gender Biases in Modern Workplaces: A Small Wins Approach to Organizational Change", *Gender & Society* 31(6), 2017, pp.725~750.

11 Maxine N. Eichner, "Getting Women Work that Isn't Women's Work: Challenging Gender Biases in the Workplace under Title VII", *Yale LJ* 97(7), The Yale Law Journal Company, Inc., 1987, p.97, p.1397.

12 Emilio J. Castilla, "Gender, Race, and Meritocracy in Organizational Careers", *American Journal of Sociology* 113(6), 2008, pp.1479~1526.

13 Emilio J. Castilla and Stephen Benard, "The Paradox of Meritocracy in Organizations", *Administrative Science Quarterly* 55(4), 2010, pp.543~676.

14 Shelley J. Correll, "SWS 2016 Feminist Lecture, Reducing Gender Biases in Modern Workplaces: A Small Wins Approach to Organizational Change", *Gender & Society* 31(6), pp.725~750.

6장 | 자기혐오: 자책의 악순환이 이르는 곳

1   하르트무트 로자, 《소외와 가속》, 김태희 옮김.

2   에바 일루즈, 《감정 자본주의》, 김정아 옮김, 돌베개, 2010.

3   같은 책.

4   제니퍼 M. 실바, 《커밍 업 쇼트》, 문현아·박준규 옮김, 리시올, 2020.

5   파울 페르하에허, 《우리는 어떻게 괴물이 되어가는가》, 장혜경 옮김.

6   같은 책.

7   앤서니 기든스, 《현대성과 자아정체성》, 새물결, 2010.

7장 | 불안, 우울, 자살생각: 생애 전반으로 확장되는 위험

1   이순미, 〈노동경력과 가족경로 분석을 통해 본 청년기 연장(long youth)의 젠더 차이〉, 《한국여성학》 33(2), 한국여성학회, 2017, 181~244쪽; 김은지·송효진·배호중·선보영·최진희·황정미, 〈저출산 대응정책 패러다임 전환 연구(1): 청년층의 젠더된 생애전망과 정책정합도 분석〉, 한국여성정책연구원, 2019.

2   국승민·김다은·김은지·정한울, 《20대 여자》, 시사IN북, 2022.

3   이순미, 〈노동경력과 가족경로 분석을 통해 본 청년기 연장(long youth)의 젠더 차이〉, 《한국여성학》 33(2), 181~244쪽.

4   지은숙, 〈비혼여성의 딸노릇과 비혼됨(singlehood)의 변화: 일본의 부모를 돌보는 딸들의 사례를 중심으로〉, 《한국문화인류학》 50(2), 한국문화인류학회, 2022, 189~235쪽.; 석재은, 〈비혼 딸의 부모돌봄 경험이 말하는 것들: 부정의(不正義)한 독박 돌봄으로부터 돌봄 민주주의를 향하여〉, 《노인복지연구》 75(4), 한국노인복지학회, 2020, 117~141쪽.

5   김혜경·이순미, 〈'개인화'와 '위험': 경제위기 이후 청년층 '성인기 이행'의 불확실성과 여성내부의 계층화〉, 《페미니즘연구》 12(1), 한국여성연구소, 2012, 35~72쪽.

6   Catherine Rottenberg, *The Rise of Neoliberal Feminism*, Oxford University Press, 2018.; 이현재, 〈신자유주의 시대 젠더정의와 '유리천장 깨뜨리기': 변혁적 논의를 위한 비판 페미니즘의 제안〉, 《젠더와 문화》 12(2), 계명대학교 여성학연구소, 2019, 43~73쪽에서

재인용.

7　이소진, 〈페미니즘 대중화 시대, 페미니즘은 어떤 여성을
　　호명하는가?〉, 《뉴 래디컬 리뷰》 2(1), 뉴 래디컬 리뷰, 2022,
　　96~118쪽.

8　이현재, 〈신자유주의 시대 젠더 정의와 '유리천장 깨뜨리기': 변혁적
　　논의를 위한 비판 페미니즘의 제안〉, 《젠더와 문화》 12(2), 43~73쪽.

9　이유림, 〈정서의 약료화와 우울증 경험의 구성: 20대 여성의 우울
　　경험을 중심으로〉, 《페미니즘연구》 16(1), 한국여성연구소, 2016,
　　81~117쪽.

10　James Davies, "Political Pills: Psychopharmaceuticals and
　　Neoliberalism as Mutually Supporting", *The Sedated Society*,
　　Springer International Publishing, 2017, pp.189~225.

에필로그

1　사라 아메드, 《행복의 약속》, 성정혜·이경란 옮김, 후마니타스, 2021.

부록 1 | 연구 방법에 대하여

1　Matt Wray, Cynthia Colen, and Bernice Pescosolido, "The
　　Sociology of Suicide", *Annual Review of Sociology* 37(1), 2011,
　　p.37.

2　이소진, 〈참여관찰 이후의 연구〉, 《교수신문》, 2021. 12. 2.
　　https://www.kyosu.net/news/articleView.html?idxno=81474
　　(최종검색일: 2023년 12월 13일)

증발하고 싶은 여자들

초판 1쇄 펴낸날 2023년 12월 22일
지은이 이소진
펴낸이 박재영
편집 이정신·임세현·한의영
마케팅 신연경
디자인 조하늘
제작 제이오
펴낸곳 도서출판 오월의봄
주소 경기도 파주시 회동길 363-15 201호
등록 제406-2010-000111호
전화 070-7704-5240
팩스 0505-300-0518
이메일 maybook05@naver.com
트위터 @oohbom
블로그 blog.naver.com/maybook05
페이스북 facebook.com/maybook05
인스타그램 instagram.com/maybooks_05

ISBN 979-11-6873-086-1 03330

만든 사람들
책임편집 한의영
디자인 조하늘